대한민국 교육정책은 누가 결정하는가

김태훈 저

태영출판사

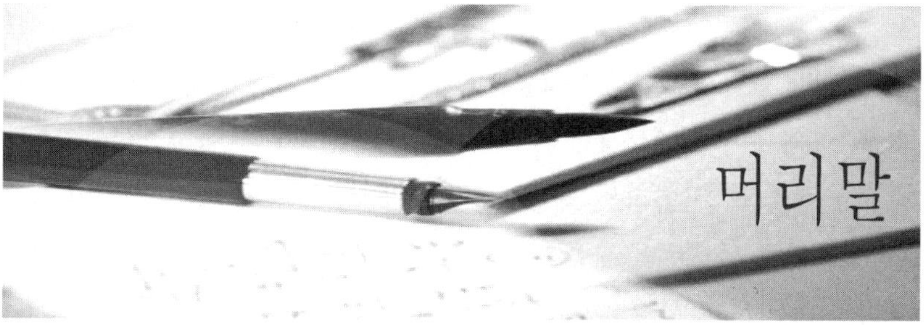

머리말

우리 나라에 사는 집안 치고 자녀 교육 문제나 학교 문제 때문에 가슴 앓이 한번 해 보지 않은 집은 없을 것이다. 우리 나라 전체 인구 4,800만 명 중에서 학생이 차지하는 비율은 약 1/4로, 대략 1,200만 명이 학생이다. 우리 나라 4인 가족을 기준으로 해서 볼 때, 다소 과장해서 말한다면 우리 나라 모든 가정에서 학교와 직접 관련을 맺고 있으며 학교 문제로 인해 끊임없이 고민하고 있다는 얘기다. 이러다 보니 학교를 둘러싼 여러 교육 문제는 개인 차원의 문제를 떠나 전 국민의 관심사이자, 누구나 이해관계를 가지고 나름대로의 일가견과 전문가 못지않은 논리를 전개하는 중요한 사회문제가 된 지 이미 오래이다. 그러나 이 말은 교육과 학교 문제만큼은 어떠한 사회문제보다도 사회 구성원간에 서로 합의해서 풀기가 더 어렵다는 반증이기도 하다. 최근 들어 우리 교육현장에서는 보수와 진보의 이념적 힘겨루기와 양극화 현상이 조금씩 완화되고 있다고는 하지만, 근본적 갈등은 해결되지 않은 채 여전히 내재되어 있다.

이 책은 어떠한 교육 문제의 원인과 현상을 이론적으로 진단하고 분석해 왔던 종래의 일반적인 학문 탐구의 방식으로 우리 교육 문제를 접근하지는 못했다. 다만, 교육인적자원부에서 교육정책을 직・간접적으로 접해 본 필자의 경험을 바탕으로 우리 교육이 안고 있는 다양한 갈등구조와 그 이면의 문제들을 근접 관찰자의 시각에서 끄집어 내서 함께 논의해 봄으로써 교육과 교육정책에 대한 기본적인 이해나 안내를 제공하고자 하는 마음에서 시작하였다. 이를 위해 우리 교육을 둘러싼 갈등 사례를 가능한 독자(讀者)의 시각에서 이해할 수 있도록 설명함으로써 복잡하고 난해하게 보일 수 있는 교육관련 정책 결정 과정들을 알기 쉽게 소개하고자 노력하였다.

이 책을 집필하고자 구상한 것은 이미 오래 전부터다. 1993년 행정고시에 합격하여 이후 공직생활을 시작할 때부터 개별적인 교육학 이론서나 파생적인 여러 교육문제에 대한 보고서는 많이 있었으나, 우리 나라의 교육과 교육정책에 대해 실제로 운영되고 있는 과정과 구조에 대하여 일반인들이 이해하기 쉬운 관점에서 쉽게 정리 기술한 자료가 없어서 실제 교육정책 업무를 담당하면서도 항상 머릿속에 아쉬움이 들곤 했다.

이 책은 이러한 필요를 바탕으로 정리하였다. 필자는 지난 1997년 2월 교육부에서 당시 사무관으로 근무를 시작하면서 여러 정책 부서를 거쳐 지금은 부총리 비서관으로 1년 8개월 동안 여러 부총리를 모셔 왔다. 교육정책이 입안되고 조정되고 결정되는 과정들을 옆에서 지켜보고 고민해 왔던 것들을 바탕으로 해서, 그 동안 공직 수행과정에서 다루게 된 여러 가지 자료들을 정리하여 독자들이 교육문제와 교육정책에 대한 올바른 이해에 도움이 될 수 있도록 정리하였다. 이 책을 통해 교육정책을 공부하고 연구하시는 분은 물론 교육행정 업무에 종사하는 실무자와 일반인들에게도 조금이라도 도움이 되기를 기대한다. 그리고, 특히 학교와 교육을 둘러싼 다양한 교육정책을 이해하기를 원하는 사람들에게는 교육 갈등 체계를 나름대로 분석적으로 바라보고 대안을 제시할 수 있는 폭넓은 시각을 갖는 데 도움이 되리라 믿는다.

책을 출판한다는 것이 대학 교수나 전문 글쟁이들의 독점물로만 인식되어 온 필자에게 이 책을 쓴다는 것 자체가 쉬운 일이 아니었다. 다만, 나라의 녹(錄)을 받고 있는 관리(官吏)로서 지금까지 본 것과 느낀 것을 기록하고 정리하여 이를 남기는 것은 조금 서툴더라도 이를 통해 보다 나은 교육과 교육행정을 구현하는 데 도움이 되리라 생각한다. 가능한 최신의 자료와 도움이 되는 내용을 소개하고자 하였으나, 미흡한 점이 정말 한두 군데가 아니다. 충분한 배경 설명이나 자료 출처의 인용이 부족한 점에 대해 독자 여러분의 너그러운 이해를 바랄 뿐이다.

이 책이 나오기까지 많은 이들의 격려와 도움이 있었다. 이 자리를 빌려 모두에게 감사를 드리고 싶다. 아울러 언제나 변함없는 격려와 성원으로 옆에서 든든한 버팀목이 되어 주는 아내와 부모님, 그리고 벌써 초등학생이 돼 버린 영남이 그리고 미소천사 재현이, 두 아들에게도 사랑한다는 말을 전한다.

2006년 9월

김 태 훈

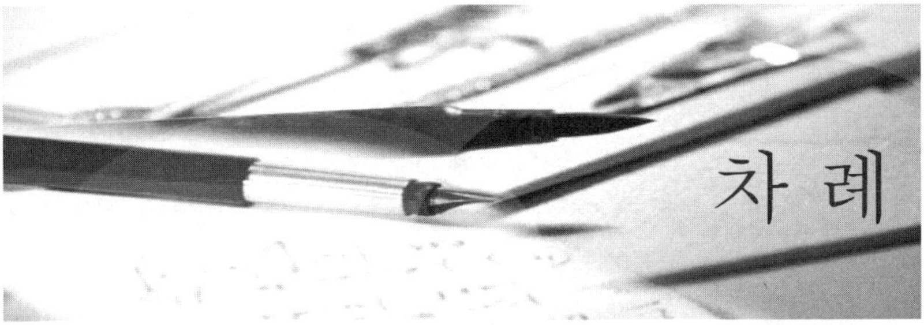

차 례

Chapter 01 학교와 교육정책 현황

Chapter 03 교육정책에 영향을 주는 변수들

Chapter 04 참여정부 역대 교육부총리와 교육 철학

제 1 장

학교와 교육정책 현황

교육에서 무엇보다 필요한 것은, 비평보다는 모범이다.

– 뷰벨의 「팡세」에서

1. 학교와 학교 제도

1) 학교 종류와 학교 제도

우리 나라의 학교 제도는 초등학교와 중학교, 고등학교, 대학(교)으로 이어지는 단선형의 6·3·3·4제를 기본으로 하고 있다. 현재 유치원 교육은 공교육의 일환으로 국가 차원에서 지원하고 관리하고 있으나, 초등학교 입학을 위한 학력 요건은 아니므로 현재 기간학제에 포함되지는 않는다. 다만, 지금까지는 농어촌 등 저소득 자녀부터 초등학교 취학 직전 1년의 유아교육을 무상으로 지원하고 있으며 이를 점차 모든 만 5세아까지로 확대하고 있는 추세다.

현재, 초·중등교육법에서 인정하고 있는 학교의 종류는 크게 6가지이며, 유치원, 초등학교(공민학교), 중학교(고등공민학교), 고등학교(고등기술학교), 특수학교, 각종학교가 여기에 해당한다. 이중 공민학교, 고등공민학교는 일종의 사회교육기관이며, 고등기술학교는 실용적인 직업기술 교육기관으로서 초등학교, 중학교 또는 고등학교 졸업자와 동등의 학력 인정은 되지 않고 있으므로 상급학교 진학을 위해서는 검정고시를 별도로 통과해야만 한다. 특수학교는 신체적·정신적·지적 장애 등으로 인하여 특수교육을 필요로 하는 학생들을 위해 설립된 학교를 말하며, 각종학교는 초·중·고등학교와 유사한 교육기관이나 수업 연한, 교육과정, 학생 선발 등에 있어서 초·중·고등학교와 달리 정할 필요가 있는 학교로서, 예술계 학교나 종교계 학교, 외국인학교 등이 이에 해당한다. 현재 각종학교로 인가받은 학교로는 선화예술학교, 한국삼육학교, 예원학교, 국악학교, 아현직업학교 등이 있다. 각종학교의 수업 연한·입학 자격 기타 그 운영에 관하여 필요한 사항은 '각종학교에 관한규칙'(교육인적자원부령)에서 정하고 있으며, 각종학교가 학력 인정을 받기 위해서는 '학력 인정학교지정규칙'(교육인적자원부령)에 의한 기준을 충족해야 한다.

제7차 교육과정은 기본적으로 초등학교 6년 과정과 고등학교 1학년 과정에 대해서 모든 학생이 공통적으로 배우게 되는 '국민공통교육과정'을 적용하고 있다. 따라서 초등학교에는 별도의 선택 과정이 적용되는 '특성화 학교'를 인정하지 않고 있으나, 중학교부터는 일반 중학교와 특성화 중학교로 그 유형이 나뉘게 된다. 교육관계법에서는 고등학교를 다시 6가지 유형의 학교로 분류하는데, 일반계 고교·실업계 고교·특수목적 고교·특성화고교·방송통신고교·산업체부설고교 등이 있다. 일반계와 실업계의 구분은 인문·실업 계통의 교육과정 비중에 따른 것이다. 특수목적고등학교는 특수 분야의 전문적인 교육을 목적으로 설립되며, 우리가 일반적으로 아는 과학고, 외국어고 뿐만 아니라 예·체능 계열, 공업 계열, 농·수산·해양 계열 등의 학교도 특수목적고로 지정할 수 있다. 특성화고등학교는 특정 분야의 인재 양성을 목적으로 하는 '직업교육 특성화고등학교'와 자연현장 실습 등 체험 위주의 교육을 전문적으로 실시하는 '대안교육 특성화고등학교'로 나눌 수 있다. 특목고와 특성화고는 학력 인정이 되는 정규 고등학교의 한 유형이며, 다만 특별한 교육적 목적을 달성하기 위해 운영되는 다양한 교육과정 운영과 학생 선발 방식 등이 일반계 고교와 구별된다고 하겠다. 이러한 고등학교의 6가지 유형과 명칭에 대해 최근 정부는 지난 1904년부터 사용해 온 '실업'이라는 명칭을 없애고 다원화되어 있는 고교 유형을 일반계 고교와 특성화계 고교 등 2가지 유형으로 모두 통합하는 방안을 공청회(2006. 7. 21)를 통해 제시한 바 있다. 학교 명칭 변경 추진 배경에는 특히 산업사회가 급변하면서 '직업교육＝2류교육'이라는 낙인(stigma)으로 학생과 학부모들이 실업계고를 기피하는 현상이 두드러지면서 학생과 학부모에게 매력적으로 다가설 수 있는 학교 정비의 필요성이 증가했기 때문으로 생각된다.

여기까지가 학교의 종류와 유형에 관한 사항이고, 이러한 다양한 종류의 학교 운영과 관련하여 초 · 중등교육법 제61조에서는 교육제도의 개선과 발전을 위하여 모든 학교에서 적용하고 있는 '교원의 자격, 학생 선발 방식, 수업 규정, 학년제, 교과용 도서, 수업 연한' 등의 종전 규정을 3년 이내로 한시적으로 적용하지 아니하고 자율적으로 학교를 운영할 수 있는 일종의 '교육부 지정 특별 연구시범학교' 성격인 '자율학교(自律學校)'를 지정 · 운영할 수 있다고 규정하고 있다. 현재 교육부는 이 규정에 따라 예 · 체능계 고교와 대안교육 특성화고교 등을 대상으로 80여 개 학교를 자율학교로 지정 · 운영하고 있다.[1] 특히, 자율학교에 적용되는 학교 운영의 특례 조항을 재정 운영이 건실한 사립학교를 대상으로, 학생 선발 방식을 특성화하고, 유능한 교원 초빙과 교육과정의 자율적 운영을 보장하도록 한 정책이 바로 '자립형 사립고' 제도이다. 이 정책에 따라 지난 2001년 10월 민족사관고, 광양제철고, 포항제철고, 현대청운고, 해운대고 등 5개교가 자립형 사립고로 선정되었으며, 2002년 5월에는 전북 상산고가 추가로 선정되어 현재 6개교가 향후 3년간 자립형 사립고 시범운영학교로 지정되었다. 정부는 지난 2005년 9월 당시 시범운영 중인 6개교의 자립형 사립고에 대해서 2010년까지 시범운영 기간을 추가 연장하였고, 자립형 사립고 추가 지정 등 확대 여부에 대해서는 시범운영 이후로 정책 결정을 미루고 있다.

---

1) 2004년 4월 현재, 전국적으로 예 · 체능계 고교 20교, 특성화고교 22교, 농어촌학교 26, 통합형고교 15교 등 83교가 자율학교로 지정 · 운영되고 있다.

2) 초등학교

3월이면 전국의 모든 초등학교에 입학식이 열린다. 어느 새 자라서 엄마, 아빠 품을 떠나는 아이가 대견하면서도 잘 적응할 수 있을지 초보 학부모들의 마음은 항상 불안하기 마련이다. 초등학교에 입학하기 40일 전인 1월 20일까지 교육청에서 읍·면·동의 장에게 취학 대상 아동의 입학기일과 통학 구역을 결정하여 통보하게 되므로, 대략 한 달 전 쯤인 1월 말경이 되면 해당 지역의 동사무소에서는 취학 대상 어린이가 있는 가정에 학교명과 소집일 날짜가 적혀 있는 입학통지서를 발송하게 된다. 통학 구역이란 일정 지역 거주자를 특정학교에 지정·취학하도록 설정한 초등학교 입학 구역을 말하는데, 해당 지역교육청에서 통학 거리, 취학 아동 수(학급 편제) 등을 고려하여 미리 읍·면·동의 장의 의견을 들어 결정하도록 하고 있다. 다만, 사립초등학교나 교육대학 등의 부설초등학교에 입학 허가를 이미 받은 경우에는 입학통지서가 발송되지 않게 된다.

소집일은 보통 1월 말이나 2월 초순 전후에 실시하게 되는데, 소집일에 취학 대상 아동이 학교에 가는 것은 그 초등학교에 입학하겠다는 신고와 같다. 그런데 소집 통지서를 받고 소집일이 되기 전에 딴 곳으로 이사를 가거나, 또 소집일 날 학교에 등록을 한 뒤에 이사를 가게 되어 그 학교에 입학하지 못하는 경우에는 그 전 학교에 통보를 하게 되면 입학 기록이 옮겨갈 학교로 자동으로 인계되지만 새로 옮겨갈 학교에 소집일 전에 찾아가도 된다. 통상 소집일 날 학교에 오면 입학일은 언제이고 몇 반인지에 대해 적혀 있는 쪽지를 받게 된다.

요즘은 입학 전부터 유치원·어린이집이나 각종 유아 대상 학원을 통해 너무 많은 것들을 선행학습으로 배우고 들어오는 아이들이 있다. 반면, 전혀 교육을 받지 않고 학교 교육으로 한글이며 숫자를 깨우치는 아이들도 있다. 초등학교에 처음 들어가게 되면, 선행학습 여부에 관계없이 처음 1개월은 가장 기본적인 한글과 숫자 공부 과정을 거치게 되므로 남들만큼 충분한 공부가 없었다고 하더라도 크게 주눅들 필요는 없다. 학습 인지 능력이 있는 아이들은 취학 전 미리 교육을 받지 않아도 여름방학이 끝날 때쯤이나 1학년이 끝나갈 때쯤이면 보통 아이들과 거의 비슷해져서 크게 다르지 않게 된다. 선행학습을 미리 하고 나서 학교 공부가 시시하게 느껴져서 학습에 흥미를 잃거나 자만하게 되는 것이 더 큰 문제가 될 수 있다. 오히려 초등학교 입학 전후 시기에는 좋은 책을 많이 읽어 주고 친구들과 잘 어울릴 수 있도록 아이에게 '나' 이외의 개념에 대해 충분한 이해를 시켜서 사교성을 길러주는 것이 보다 필요하다. 교육전문가에 따르면, 학교가 너무 좋고 재미난 곳이라고 과장해서 말하는 것도 옳지 않지만, 반대로 "너 그렇게 하면 학교 가서 선생님한테 혼나" 등의 말로 겁을 주는 것은 피해야 한다고 말한다. 오히려 칭찬과 격려로 아이를 안심시켜 편안한 마음으로 입학을 기다릴 수 있게 하는 것이 필요하다는 것이다.[2)]

최근 내 아이가 다른 아이보다 발육 속도와 지적 재능이 빠른 것 같다고 생각해 온 학부모들이 공통적으로 고민하게 되는 것이 바로 자녀의 조기입학 여부다. 조기입학은 자녀의 재능을 키워 주는 장점이 있는 반면 부적응을 초래할 경우 상처를 줄 수 있어 신중한 판단이 요구된다. 조기입학 절차에 대해서는 초중등교육법 제13조에서 그 기본적인 사항을 다음과 같이 규정하고 있다.

초등학교의 장은 당해 초등학교의 학생 수용 능력이 있는 경우에는

2) 여성조선, 2002년 2월호 "초등학교 입학 전에 이것만은 준비하자" 기사 참조.

만 5세 아동의 취학을 허용할 수 있으며, 이 경우 초등학교의 장은 취학일부터 40일 이내에 당해 아동이 거주하는 읍·면·동의 장에게 그 명단을 통보하도록 하고 있다. 즉, 학급당 편성 기준을 초과하지 않고, 학급 증설과 2부제 수업이 발생하지 않는 범위 내에서 당해 초등학교의 장이 재량으로 만 5세 아동의 취학을 허용할 수 있으며, 일반적으로 대상자가 초과될 경우는 생년월일 우선 순으로 입학을 허용하고 있다.

따라서, 조기입학을 고려하고 있는 부모라면 먼저 취학을 원하는 학교의 수용 가능 여부를 알아봐야 한다. 해당 학교가 조기입학생 수용이 가능하다면 주민등록등본을 지참하고 학교를 찾아 신청서를 작성해 제출하면 된다. 해당 초등학교에서는 지원자 중 생년월일 순으로 입학을 허용하되 입학 후 2개월 간 관찰 기간을 거쳐 4월 말 교사의 판단에 따라 정식 입학을 확정한다.

지난 1996년에는 조기입학 아동 중 9.7%에 해당하는 1백95명이 중도탈락했고 1997년에는 75명(4%), 1998년엔 1백79명(5.4%), 1999년엔 95명(3.2%)이 각각 4월 말 취학을 중단했다. 반대로 취학 연령에 달했지만 성장·발달이 느려 입학을 연기하고 싶을 때는 의사진단서 등 증빙서류와 함께 취학 유예 신청서를 해당 학교장에게 제출하면 된다.[3)]

조기입학은 아이의 평생을 좌우할 만한 중요한 문제로 매우 신중해야 한다는 게 교육전문가들의 대체적인 중론이다. 특히 아이가 5월에 정식 입학하게 되면 이후 적응을 못하는 현상이 나타나도 유급제도가 없는 교육제도 탓에 중도에 학업을 포기할 수 없다는 점을 유념해야 한다. 실제로 매년 조기입학자 중 1학년을 마친 뒤 다시 1학년을 다니겠다는 학생과 학부모가 상당수 나오고 있다.

조기입학은 조기 진급제(월반제)와는 그 제도 취지가 다르므로, 첫

---

3) 중앙일보, "조기입학 시키려면 공부보다 사회성을" 2000. 2. 25자, 기사 참조.

아이에 대한 과중한 기대나 유치원 보내기가 부담스러워 취학 시기를 앞당기는 것은 절대 금물이라고 본다. 반면 아이의 체력과 지력이 뛰어나고 본인이 학교에 가고 싶은 욕구가 강한 적극적 성격을 보인다면 조기입학을 통해 두 달간 적응 기간을 거치게 해 보며, 이후 교사 등 객관적 판단이 가능한 제3자의 조언을 종합해 입학 여부를 확정하는 것이 바람직하다.

3) 중학교

매년 신학기 개시 전 1~2월 무렵에는 연례행사처럼 중학교 학교군 및 중학구의 변경이나 학생 배정 방식에 불만을 나타내면서 많은 민원이 발생하는 것을 언론을 통해 쉽게 접할 수 있다. 일반적으로 교육청에서는 지역 균형 발전과 학생 통학 거리 · 교통 등을 종합적으로 검토해 학생들을 중학교에 배정한다고는 하나, 집에서 멀리 떨어진 학교나 교육 환경이 상대적으로 열악한 학교에 배정된 주민들은 학교 배정 결과를 수긍하지 않고 학교 배정 방식에 대해 많은 불만을 토로하곤 한다.

초등학교를 졸업하고 중학교에 입학하는 방식은 학생의 지원에 의하여 학생을 선발하는 특성화중학교를 제외하고는 일반적으로는 학교 배정을 통해 입학하게 된다. 중학교 배정 방법은 크게 '학교군(學校群)별 추첨'에 의해 학교를 배정하는 경우와 당해 지역의 교육감이 설정한 '중학구(中學區)에 따른 지정'에 의해 입학할 학교를 배정하는 경우로 나눌 수 있다. 추첨에 의해 중학교를 배정하는 경우에는 중학교 입학 지원자는 해당 지역의 교육감이 별도로 정하는 방법에 따라 2개 이상의 학교를 선택하여 지원할 수 있으며, 그 입학 지원자 중에서 추첨에 의하여 당해 학교 정원의 전부 또는 일부를 배정할 수 있다.

여기서, 학교군(學校群)이란 교육감이 관할 지역 학생들의 학교 배정을 추첨 방식으로 실시하기 위하여 구분 · 설정한 구역 또는 학교 묶음 단위를 말하며, 중학구(中學區)는 교육감이 통학상 거리 · 교통이 불편한 지역의 중학교 취학 예정자에 대하여 통학 편의와 지역 여건을 고려하여 추첨 없이 특정 중학교에 지정 입학하도록 설정한 중학교 입학 구역을 말한다. 통상 중학구로 설정된 지역 내에는 중학교 1개만이 소재하므로 해당 학교에 당연 입학된다. 종래 '고등학교 학교군'을 '학군'이라고 약칭하였으나, 법률상 정확한 명칭은 중학교나 고등학교 모두 '학교군'이 맞다.

중학교에 올라가면 아이는 모든 것이 달라진다. 낯선 교복에다 과목별 담당 선생님 그리고 새 친구들, 많은 게 새로워진다. 이제 중학생이기 때문에 초등학교 때와는 달리 시험다운 시험도 치르게 된다. 중학생 자녀를 둔 대부분의 학부모님들이 초등학교 때 그렇게 말 잘 듣던 아이가 왜 이 모양인지 모르겠다며 심각한 고민에 빠지기도 한다. 2005년도 신입생부터는 학교 내신 평가 제도도 바뀌게 되어 기존에는 '수우미양가' 평어 표기 방식으로만 점수를 매겼지만, 이제는 원점수와 함께 과목별 석차 등급까지도 표기하는 방식으로 보다 강화되었다. 어쨌든 학교 내신이 상급학교 진학에 있어서 상대적으로 가장 중요해지고 있으므로, 중학교부터는 효율적인 공부 방법에 대해 체계적인 관심을 기울일 필요가 있다. 초등학교부터 수년 간을 써왔던 공부 방법을 고치는 게 쉽지는 않지만 아직 늦은 시기는 아니다. 제대로 생각하고 자신만의 효율적인 공부 방법을 제대로 터득한 사람만이 우등생이 될 수 있다. 그리고 자신의 장래를 미리 그려 보고 꿈을 최대한 크게 정하여 포부를 키워 보는 것도 학습의 흥미를 높이는 좋은 수단이 될 수 있다.

중학생 시절은 한 사람의 인생을 성공 혹은 실패로 이끌어 갈 습관을 형성하는 데 매우 중요한 시기이다. 특히나 중학교 시절 대부분의 학생들은 사춘기를 거치게 되며, 사춘기는 감정적으로 불안정한 시기이다 보니 친구와 부모님, 선생님과 사소한 문제로 갈등을 일으킬 수 있고 그로 인해 잘못된 길로 나아갈 수도 있다. 공부 방법 이외에 중학교 시절에 반드시 배워야 할 것은 자기관리 능력이다. 공부 방법을 아무리 잘 알고 있더라도 시간관리나 감정관리 등 자기관리가 되지 않으면 소용이 없다. 따라서 자기를 스스로 조절하면서 생활할 수 있는 능력을 터득하는 것에 부모들은 관심을 갖고 도와 줘야 한다.[4)]

4) 고등학교

중학교 졸업 예정자가 일반계 고등학교로 진학할 경우에는, 크게 평준화 지역인지 비평준화 지역인지에 따라 입시 전형과 절차가 서로 상이하다. 시 · 도교육감이 고등학교의 입학 전형을 실시하는 지역(평준화 지역)과 당해 고등학교의 학교장이 입학 전형을 실시하는 지역(비평준화 지역)으로 나눌 수 있으며, 일반적으로 평준화 지역은 중학교 배정 방식과 거의 유사하다고 보면 된다.

평준화 지역에서의 일반계 고등학교 입학 전형의 지원 방식은 지역별로 다소 차이는 있지만, 입학 지원자가 재학하고 있는 중학교 소재 지역의 둘 이상의 학교를 선택하여 지원할 수 있다. 이 경우 교육청은 지원자의 중학교 학교생활기록부의 기록 또는 선발고사나 이를 병합한 방법 등에 의해 입학 전형을 실시할 수 있으며, 통상 학교군별 추첨에 의하여 학교 정원의 전부 또는 일부를 순차적으로 배정하는 방식으로 신입생을 선발하게 된다. 다만, 평준화 지역의 일반계 고교 중에서 거리 · 교통이

4) 유미현, “중학생 학습혁명” (조선일보사, 2004) 자료 참조.

통학상 극히 불편한 지역에 소재하거나 특별한 사유가 있어 추첨 배정이 곤란한 학교로서 교육청이 지정한 학교(특수지 학교)에 대해서는 추첨하지 않고 당해 학교장이 학생을 입학하게 할 수 있다.

비평준화 지역의 일반계 고등학교와 실업계고, 예 · 체능계고, 특목고등 고등학교 신입생을 일반계 고교에 앞서 전기(前期)에 선발하는 고등학교의 경우에는 입학 지원자가 당해 학교의 입학 전형 실시권자인 학교장에게 직접 지원하여야 하며, 입학 전형은 학교장이 따로 정하는 방법에 의하거나 학교생활기록부의 기록 또는 선발고사, 실기고사, 적성검사, 실험 · 실습 및 면접 등을 반영하는 방법으로 입학 전형을 실시할 수 있다.

그리고 고등학교의 전학은 교육과정 이수에 지장이 없는 범위 안에서 학교장이 허가하는 사항으로 일반계고, 실업계고, 예 · 체능계고, 특목고, 특성화고 상호간에 전학 또는 편입학을 할 수 있다. 다만, 평준화 실시 지역의 일반계 고등학교로의 전학이나 편입학은 시 · 도가 다른 지역으로 거주지가 이전되었거나, 동일 시 · 도의 경우 '고등학교 학교군'(속칭 학군)이 다른 지역으로 거주지가 바뀐 경우에만 인정된다. '교육과정 이수에 지장이 없는지'의 여부는 보통 당해 학교장이 판단하고 있는데, 실제로 실업계 고등학교에서 일반계 고등학교로의 전학이나 편입학 시에는 재학하고 있는 실업계 고교 학교장이 발급하는 '전입학 동의서나 교장 추천서'를 대부분 요구하고 있다. 평준화 실시 지역 일반계 고교로의 전학이나 편입학은 대체로 전 가족의 거주지가 모두 이전하는 것을 원칙으로 하나, 지역에 따라서는 부득이한 사유가 있을 경우, 부모 중에서 1인과 학생이 거주지를 이전하는 경우에도 전학을 인정하고 있으므로 자세한 전학 인정 기준은 해당 지역 관할 교육청에 직접 확인해 보아야 알 수 있다. 그리고 교육청별로 전학을 신청할 수 있는 기간을 별도로 정하고 있는데, 대체로 3월이나 9월 등 신학기 초에 전학 기간을 1~2주 정도 운영하고 있으며, 계열이 다른 학교로의 전 · 편입학은 통상 2학년 1학기까지만 가능하다. 전학 절차는 전학 신청서(전입학 배정 원서)를 작성하여 교장 추천서와 함께 교육청에 제출하면, 학생의 희망 학교를 참조하여 거주지 인근의 결원이 있는 인문계 고등학교로 배정하게 되며, 전학 지원자가 배정받은 일반계 고등학교로 가서 전학 또는 편입학 수속을 받으면 모든 절차는 끝난다.

2. 의무교육 정책

1) 의무교육에 담긴 의미

현재 대부분의 국가들은 의무교육을 법으로 규정하고 있어서 교육의 의무는 단순한 규범이 아닌 일종의 벌칙을 수반하는 강제적 규범이라 할 수 있다. 이러한 의무교육은 강제 취학의 교육이며, 학부모와 후견인들에게 아동들을 취학시켜야 할 의무를 부과하고 있는 것이다. 그것은 누구나 교육을 받을 권리로서의 교육권 내지 학습권을 보장하고자 하는 데 뜻이 있다. 또한, 그것은 국가와 지방자치단체에 대하여 이를 위한 교육시설을 마련하고 적극적으로 아동들의 교육권을 보장할 수 있는 조건과 서비스를 마련해야 함을 규정하고 있다.[5)]

여기서 교육권(教育權)이란 말은 교육을 받을 권리(아동 및 학습자), 교육을 할 권리(부모 또는 교사) 또는 양자를 포함하는 권리 등 다의적으로 사용되고 있다. 헌법에는 '모든 국민은 능력에 따라 균등하게 교육을 받을 권리를 가진다'고 하여 교육을 받을 권리를 명시하고 있는데 이것은

5) 김종철(1989), 한국교육정책연구, 교육과학사, pp. 94-95.

국가가 제도적으로 보장하는 교육의 기회와 국민이 향유하는 권리를 규정한 것으로, 일종의 사회권의 하나로 볼 수 있다. 또 교육기본법에서는 '모든 국민은 평생에 걸쳐 학습하고, 능력과 적성에 따라 교육받을 권리를 가진다'고 규정하고 있으며, 헌법도 '국가는 평생교육을 진흥하여야 한다'고 명문화하여 학교교육 뿐만 아니라 평생교육까지도 교육권에 포함시키고 있다.

부모의 자식에 대한 교육권도 헌법에서 함께 명시적으로 규정하고 있는데, '모든 국민은 그 보호하는 자녀에게 적어도 초등교육과 법률이 정하는 교육을 받게 할 의무를 진다'고 규정함으로써 친권(親權)으로서의 교육권을 의무 조항으로 강제하고 있다.

이러한 헌법 차원의 교육권을 구체적으로 실현하기 위해서 초·중등교육법에서는 '국가는 의무교육을 실시하여야 하며, 이를 위한 시설의 확보 등 필요한 조치를 강구하여야 한다'고 규정하고 있고, 또한 '모든 국민은 그가 보호하는 자녀 또는 아동이 만 6세가 된 날의 다음날 이후의 최초 학년 초부터 만 12세가 되는 날이 속하는 학년말까지 그 자녀 또는 아동을 초등학교에 취학시켜야 하며, 초등학교를 졸업한 학년의 다음 학년 초부터 만 15세가 되는 날이 속하는 학년말까지 그 자녀 또는 아동을 중학교에 취학시켜야 한다'고 하여 국가의 교육시킬 의무와 부모의 자녀 취학 의무를 의무교육 제도의 형태로 구체화하고 있다.

한편, 의무교육 대상자를 고용하는 자는 그 고용으로 인하여 당해 의무교육 대상자가 의무교육을 받는 것을 방해하여서는 아니 되며, 이를 위반하는 자에 대해서는 100만원 이하의 과태료에 처하도록 법령에 명시하고 있다. 이는 의무교육 과정을 모든 국민들에게 부과함과 동시에 취학을 촉진함으로써 국민의 교육권을 보장할 수 있는 법적 근거를 마련하기 위함이다.

2) 의무교육 제도의 연혁

의무교육 제도는 모든 사람에게 인간다운 삶을 누리고 자아실현을 이룰 수 있도록 필요한 교육 혜택을 제공하여야 한다는 인간 존중의 사상을 바탕으로 하고 있으며, 교육의 기회 균등을 보장함으로써 국민의 기초교육 향상과 적극적인 교육 복지 이념을 내포하고 있는 것이다.

1945년 해방 당시에는 157만 명의 학생이 국민학교에 취학하여 64%의 취학률을 보였으나 불과 3년 후인 1948년에는 국민학교 수가 240만 명(취학률 74.8%)으로 늘어났으며, 6.25전쟁으로 인하여 학교시설이 파괴되고 교육 재정이 빈약한 가운데서도 초등교육 인구는 계속 증가하여 의무교육이 실시된 지 10년도 안 된 1959년에는 360만 명의 아동이 국민학교에 취학하여 96.4%의 취학률을 기록했다. 1970년대 초부터 교과서 무상 지급의 폭을 점차 확대하고, 육성회비를 국고에서 부담(서울, 부산 등 6대 도시 제외)함으로써 1970년대 말에 이르러 초등교육의 완전 무상화를 이룩하였다.

1968년에 중학교 무시험 입학제가 시행된 이후 국민학생의 중학교 진학률은 매년 급속하게 증가하여 1968년 56%에서 1979년에는 96%에 도달하게 되었다. 이에 따라 1970년대 중반부터 중학교 의무교육이 실시되어야 한다는 주장이 제기되어, 1984년에 개정된 교육법(敎育法)에서 중학교 교육의 의무화를 법적으로 규정함으로써 중학교 의무교육을 위한 법적 근거를 마련하기에 이르렀다.[6)]

중학교 무상 의무교육은 지난 1985년 도서·벽지 지역부터 1992년 읍·면 지역에까지 부분적으로 도입된 이래 단계적으로 실시한다는 기본 방침에도 불구하고, 확대 실시에 필요한 막대한 재원 문제로 인해

6) 윤정일 외 4인 (1991), "한국의 교육정책", 교육과학사, pp. 11-12.

전국 확대 문제는 한동안 답보 상태를 면치 못하고 있었다. 지난 90년대 후반부터 중학교 의무교육의 전국적 확대 실시는 교육계의 오랜 숙원 사업이었다. 그러던 중 2001년 1월 '생산적 복지'를 국정 이념으로 삼은 국민의 정부는 중학교 의무교육을 2002년 중학교 신입생을 시작으로 2004년까지 전국적으로 모든 중학생에게 확대 실시하기로 전격 발표하게 된다. 세계 주요국의 무상 의무교육 연한이 대부분 9~12년이며, 특히 북한도 10년 간의 의무교육을 실시하고 있었던 것도 중학교 의무교육의 전면 확대 결정에 크게 작용하였다. 당시 읍·면지역 등 의무교육 실시 지역과 저소득층 학비 지원 등으로 2001년 당시 이미 전체 중학생의 45.5%에 대해 학비를 무상으로 지원하고 있어 6~7천억 원의 추가 재정만으로도 전 국민의 숙원인 중학교 의무교육을 완성할 수 있는 좋은 기회였던 것이다. 이를 통해 당시 IMF 2차 구조조정으로 인해 어려웠던 서민 생활을 조금이나마 지원할 수 있어서 국민들로부터도 긍정적인 평가를 받을 수 있었다.

중학교까지 의무교육이 확대 실시되자 무상교육의 원칙에 따라 종전 학부모들이 부담하던 수업료·입학금 및 교과서 대금은 국가에서 전액 지원하게 되었다. 그런데 한 가지 아쉬운 점은 그 동안 학생 복지 증진과 교육 여건 개선을 위해 학교 재정을 보충하여 징수해 오던 급식비와 학교운영지원비(종전 '육성회비')에 대해서는 국가 재정 여건을 감안하여 무상으로 하지 못하고 계속 학부모 부담으로 유지키로 한 점인데, 의무교육이 교육 복지 이념을 적극적으로 실현해 나가는 수단이라고 볼 때 앞으로 무상의 범위를 좀더 확대할 필요가 있다고 본다.

3) 취학 유예 제도

학교의 장이 교육상 필요하다고 인정할 때에는 학칙이 정하는 바에 의하여 법령에서 정한 '학교 내의 봉사, 사회봉사, 특별교육이수, 퇴학처분' 등의 4가지 형태로 학생을 징계할 수 있다. 그러나 초·중등교육법 제18조에는 '의무교육 과정에 있는 학생을 퇴학시킬 수 없다'고 의무교육 대상자의 징계 형태를 제한하고 있다.

의무교육 대상자가 취학이 불가능하거나 본인이 등교를 스스로 거부하여 장기 결석을 하게 되면 어떻게 되겠는가? 초·중등교육법 제14조에는 "질병 등 부득이한 사유로 인하여 취학이 불가능한 의무교육 대상자에 대하여는 보호자의 신청에 의해 당해 학교의 장이 취학 의무를 면제하거나 1년 이내 범위에서 유예할 수 있다"고 하였고, "취학 의무를 면제 또는 유예받은 자가 다시 취학하고자 하는 경우에는 당해 학교의 장이 학습 능력을 평가한 후 학년을 정하여 취학하게 할 수 있다"고 규정하고 있다. 그리고 초·중등교육법 제28조는 "국가는 학습 부진 또는 성격장애 등의 사유로 정상적인 학교생활을 하기 어려운 학생 및 학업을 중단한 학생들을 위하여 교외 체험학습이나 위탁 교육 등 필요한 교육을 실시하거나 수업일수 및 교육과정의 신축적 운영 등 교육상 필요한 시책을 강구하여야 한다"고 하여 학습부진아 등에 대한 국가의 책무를 규정하고 있다.

그럼에도 불구하고, 의무교육 대상자가 등교를 거부하게 될 경우 학적관리는 어떻게 될지가 문제될 수 있다. 매년 적지 않은 수의 초등학교 입학 대상자들이 취학을 유예하거나 다양한 사유로 인해 실제 취학을 거부하고 있는 실정이다. 초·중등교육법시행령 제29조에는 "초등학교 및 중학교의 장은 취학 의무를 유예받은 자 중 입학 이후 유예받은 자나 정당한 사유 없이 3월 이상의 장기 결석을 한 자에 대하여 학칙이 정하는 바에 따라 정원 외로 학적을 관리할 수 있다"고 하였고, "초등학교 및 중학교의 장은 장기 결석을 한 자로서 정원 외로 학적이 관리되고 있는 자 또는 취학 의무의 면제나 유예 결정을 받은 자가 다시 학교에 다니고자 하거나 취학하고자 하는 경우에는 조기진급및조기졸업에관한 규정에 의하여 교과목별 이수 인정 평가위원회가 실시하는 결과에 따라 학년을 정할 수 있다"고 규정하고 있다. 즉 취학 의무 유예자와 등교 거부자(장기 결석자)의 학적 관리를 법령에서 명시하고 있는 것이다. 이러한 정원 외 관리는 합당한 사유와 절차를 거치지 아니하고 장기 결석으로 인해 이후 출석하여도 출석일수가 2/3에 미달하게 되어 해당 학년의 수료나 졸업이 사실상 불가능한 자에 대해 학적을 별도로 관리하는 것으로서, 결과적으로는 대상자의 학적을 유예하는 처분과 같다고 할 수 있다.

한편, 중학교 졸업 학력이나 고등학교 입학 자격을 얻기 위한 고등학교 입학자격검정고시규칙(교육인적자원부령) 제5조의 2에 의하면 "고시를 받을 수 있는 자는 초등학교 졸업자 및 이와 동등 이상의 학력이 있는 자로 하되, 학적이 정원 외로 관리되는 자는 고시에 응시할 수 있다"고 하여 장기 결석자에 대해서도 예외적으로 고시 응시 기회를 부여하고 있다. 다만, 검정고시에 응시하려면 고교에서 퇴학(자퇴)된 날로부터 6월(검정고시 공고일 기준)이 지나야만 하는데, 이는 검정고시 제도가 대학 입시에서 내신 문제 해결을 위한 편법으로 악용되지 않도록 하기 위해서다.

정리하자면, 초등학교와 중학교 취학 대상자인 의무교육 대상자는 교육 목적상 징계할 수는 있어도 퇴학시킬 수는 없으며, 정당한 사유 없이 등교를 3월 이상 거부할 경우에도 정원 외로 학적을 관리하도록 하여 검정고시 응시 기회를 예외적으로 허용하고 있어 등교 거부자의 경우에도 상급학교 진학의 기회를 간접적이나마 허용하고 있는 것이다. 의무교육의 기본 정신이 엿보이는 제도라고 하겠다.

4) 대안적 교육 제도

우리 나라에서 중・고등학교 과정 중 다른 학교로 전학하는 절차 없이 졸업하기 전에 학업을 중단하는 청소년은 1990년 이후 한 해에 약 6~7만명 정도 발생하고 있다. 이는 전체 중・고등학생의 1.8%에 해당한다. 이러한 학업 중단 사례는 OECD 국가의 중도 탈락률 평균 13% 수준에 비하면 다행하게도 훨씬 낮은 비율이기는 하나 우리 사회의 '학벌주의'와 '사회적 안전망의 부재'라는 환경적 특수성을 고려하면 결코 무시할 수 없는 수준이다. 학업을 중단한 학생이 건전하게 성인으로 성장할 수 있는 경로가 제도적으로 마련되어 있지 못한 우리의 상황에서 학업 중단은 본인의 개인적 손실 뿐만 아니라, 사회적 차원에서도 건전한 사회 구성원과 인적자원이 확보되지 못하며, 실업, 빈곤, 교정 등에 대한 더 많은 사회 복지 비용의 지출을 의미한다. 특히, 가족 해체 현상의 증가, 청소년 유해 환경 확대로 인해 학교 부적응 학생의 비율이 높아짐에 따라, 청소년의 학교 중도 탈락은 더 이상 학생 개인 혹은 가정, 학교 차원의 문제가 아니라 국가・사회적 차원에서 다루어져야 할 사안이 되고 있다.

학교 부적응에 따른 학업 중단 사례의 추이를 보면 우리 나라 일반계 고교의 중도 탈락률은 1970년 이후 지속적으로 감소세이나, 실업계 고교는 1980년 이후 계속 증가세를 보이고 있다. 그러나 우리가 관심을 가지고 짚어볼 부분이 있는데, 청소년을 대상으로 한 어느 연구기관의 조사에 따르면, 조만간 학업 중단 의지를 가진 이른 바 잠재적 학업 중단 청소년이 20%를 상회하는 반응이 나왔고 특히 여학생의 경우 그 비율이 더욱 높다는 점이다.[7)] 일본의 경우 고등학생 중도 탈락률은 우리

7) 중・고생(935명 대상조사)에 대한 설문조사 결과 (2001, 한국청소년개발원 실시).

나라 실업고의 거의 2배에 이르는 가운데, 최근에 강한 증가 추세에 있다. 미국 16~24세 인구 중 고등학교 중도 탈락자의 비율은 1970년 이래 지속적으로 감소하고 있지만, 적극적인 부적응 학생 지원 정책에도 불구하고 그 감소세는 매우 더디게 진행되고 있다. 그 외 OECD 국가의 경우 평균 중도 탈락률은 13%를 지속적으로 보이고 있다.

지난 1997년 정부에서는 '학교 중도 탈락자 예방 및 복교 대책'을 수립 시행함으로써 중퇴자 예방을 위한 다양한 학교 운영 체제 혁신 방안과 함께 대안교육 분야에 대한 특성화학교 설치 근거를 최초로 마련한 바 있다. 당시 이미 중퇴한 학생에 대하여도 대대적인 복교 조치를 취함으로써 특히 중퇴생을 둔 학부모로부터 큰 환영을 받기도 했으나, 적응교육 프로그램과 같은 정부 차원의 체계적인 지원의 부족으로 인해 중도 탈락 비율에는 여전히 큰 변화가 없으며, 복교 후 재탈락률도 30%를 상회하고 있다.

대안교육이 우리 현실에서 이루어지고 있는 운영 실태를 보면, 이념적으로는 자율, 공동체, 생태주의, 영성 추구 등의 특성을 지니며, 형식적 측면으로는 제도권 안에서의 부분적 실천도 가능하나 일반적으로 탈제도적 성격을 지닌다. 그리고 방법론적 측면으로는 소규모(human scale) 학교를 지향하고 열린교육과 통합교육의 방법 등을 선호하며, 지역사회와 결합하여 대안적 사회를 지향하는 특성을 지닌다. 이러한 대안교육은 과거 정규 제도권 내 학교가 만족시키지 못했던 다양한 교육 수요자들에게 적절한 교육적 서비스를 제공함으로써 오늘날 연간 6~7만 명에 이르는 학교 중도 탈락자들에게 새로운 교육적 대안으로 논의되고 있다.

현재 대안교육의 형태는 학교 제도권 안으로 수용된 정규학교 형태의 특성화 중·고등학교와 제도권 밖의 평생교육시설 또는 비인가 대안교육기관이 있다. 특성화학교 제도가 도입된 지는 이제 10년 정도에 불과하므로, 정규 대안학교의 교육적 성과에 대해 결론내리기는 아직 쉽지 않다. 그러나 이 제도의 도입으로 다양성과 창의성을 필요로 하는 사회 여건의 변화와 학부모들의 다양한 교육적 수요에 부응할 새로운 학교 운영의 가능성이 마련되었다는 점은 긍정적이라 하겠다. 반면 새로운 형태의 학교를 운영하는 과정에서 적지 않은 혼란과 갈등을 경험한 것도 사실이다. 앞으로 학교 부적응 학생들에게 새로운 학습 환경과 개인별로 적합한 교육 기회를 제공하기 위해서는 정부 차원 뿐만 아니라 가정에서도 보다 많은 노력이 필요할 것이다. 그리고 향후 학교 부적응 학생에 대한 정책은 중도 탈락률을 현격하게 줄이는 데 초점을 두는 것보다는 학업 중단을 조기에 예방하는 정책적 기조를 유지하면서도, 학업을 중단한 청소년에 대해서 학교 밖에서도 지속적으로 자기계발이 가능하도록 지원할 수 있는 제도적 장치 마련을 동시에 추진할 필요가 있다.

3. 학교운영위원회 제도

1) 학부모의 '학교 참여' 현황

"부모는 자녀가 바른 인성을 가지고 건강하게 성장하도록 교육할 권리와 책임을 가진다. 부모는 자녀의 교육에 관하여 학교에 의견을 제시할 수 있으며, 학교는 이를 존중하여야 한다." 우리 나라 교육기본법 13조에 쓰여 있는 내용이다. 학부모들의 '학교 참여' 권리를 분명하게 밝히고 있다. 그러나 이 법이 '선언'하고 있는 학부모의 권리는 좀처럼 학교 문턱을 넘지 못하는 게 현실이다.

여전히 많은 학교에서 학부모를 교육의 한 주체로 인정하기보다는,

말없이 학교의 뜻을 따라주고 도와 주는 후원자, 심하게 말하면 '돈줄' 구실에 머물도록 요구하고 있다. 사정이 이렇다 보니, 많은 학부모들은 학교 참여를 자기와는 전혀 상관없는 '고상한 취미' 정도로 여기며 수수방관하기 일쑤다. 이런 무관심의 밑바탕에는 "학부모 활동은 돈 있고, 시간 많은 엄마들이나 하는 것"이라는 믿음이 깔려 있음은 물론이다. 그나마 학교를 열심히 드나드는 학부모들 중 상당수는 아이들 교육에 보탬이 되는 활동보다는 '눈도장 찍기'와 '교사 챙기기'에 바쁘다.

이처럼 왜곡된 구실을 하는 학부모 모임은 다른 학부모들에게 위화감과 학교 참여에 대한 염증을 심어 줘 무관심을 더욱 부추긴다. 그러나 자식 이기주의에서 비롯된 치맛바람 못지않게 무관심도 아이들 교육에 도움이 되지 않는다. 내 아이만을 위한 이기적인 학교 참여가 아니라, 우리 아이들을 위한 학교 참여를 통해 아이들이 즐겁게 생활할 수 있는 학교를 만들어야 한다. 모든 학생들과 학교 교육을 위해 봉사하는 모습, 잘못된 점이 있을 때 당당하게 지적하는 모습을 아이들에게 보여 줄 필요가 있다.[8)]

학부모의 적극적인 학교 참여가 일부 교사들의 우려처럼, 교사의 '교권'과 꼭 배치되는 것도 아니다. 오히려 힘이 될 수도 있다. 앞으로의 학부모의 학교 참여는 학생들의 교육활동에 직접적인 보탬이 되는 방향으로 이뤄져야 한다. 최근 학부모들이 중심이 되어 학부모 가정 아이나, 가난한 집 아이, 장애아, 학습부진아 등에게 학습활동을 지원하고 때로는 직접 지도하는 등 가정교육의 빈틈을 메우는 역할을 하고 있다고 한다.

학교에서 학부모의 참여 방법은 다양하다. 학교운영위원회의 학부모위원, 학부모회와 어머니회 등 각종 자생조직에서의 활동, 도서실 도우미 등 봉사활동이 대표적인 활동이다. 학교운영위원회 활동은 교육에 대해

---

8) 한겨레신문(2004. 2. 22자, "학운위 구성에 관심을") 기사 참조.

관심과 열정을 가진 학부모들이 학교의 운영에 직접 참여하는 가장 바람직한 방법이다. 학부모, 교사, 지역사회 인사 7~15명으로 구성되는 학교운영위원회는 모든 학교에 설치되어 있는 법적 기구이며, 학부모들이 학교 운영에 참여할 수 있는 제도적인 장치이다. 학교운영위원회가 학칙 제·개정, 예·결산, 교육과정 운영 방법, 교과용 도서 및 교육 자료 선정, 초빙 교원 추천, 학교운영지원비 조성·운영·사용, 급식 등 학교 운영 전반에 대한 사항을 심의하는 중요한 권한을 갖고 있기 때문이다. 따라서 학부모들은 학기 초에 이뤄지는 학부모 위원 선출 과정에 적극적으로 참여해 투표권을 행사하고, 학운위가 구성된 뒤에는 수시로 회의에 참관해 회의가 민주적으로 진행되고 있는지, 학부모 위원들이 학부모들의 의견을 잘 대변하고 있는지 관심을 갖고 지켜볼 필요가 있다.

학교운영위원회 이외의 모든 학교 내 조직은 법적 기구가 아니라 임의단체이다. 학부모회, 어머니회, 학교발전위원회, 급식위원회, 녹색어머니회, 어린이단체 후원회, 명예교사회, 어머니 도서위원회, 체육진흥회 등이 여기에 속한다. 조직 이름이나 존재 여부는 학교 실정에 따라 조금씩 다르다. 누구든지 원하면 가입해 활동할 수 있다. 학부모 친목단체의 성격이 강한 어머니회와는 달리 학부모회는 학교운영위원회의 민주적인 운영을 위해 꼭 필요한 조직이지만, 아직은 임의조직일 뿐이다.

학교 자원봉사활동으로는 도서실 사서 도우미, 급식 도우미, 등·하교 교통안전 봉사대, 상담 자원봉사 등이 있으며, 드물게는 부모가 직접 종이접기, 글쓰기, 독서토론, 뜨개질, 영어회화 등 교과목 이외의 교육활동에 참여하는 명예교사 활동을 하는 곳도 있다.

그 동안 우리 학부모들은 '옆집 아줌마'로 통해 왔으며 이러한 정형화된 학부모상(像)의 그늘 아래에서만 존재해 왔다. 조직과 예산, 관련 규정 등 학교가 도대체 어떻게 돌아가는지를 공부하고, 교육이라는 큰 틀에서 올바른 학부모의 역할이 뭔지 제대로 배울 필요가 있다. 과거 적지 않은 학교에서 학운위가 학교 쪽의 '거수기'로 전락했다는 비판을 들었지만, 최근에는 점차 많은 학교에서 학부모 위원들의 적극적인 참여에 힘입어 제 몫을 하고 있다. 급식, 졸업 앨범, 현장학습, 예·결산, 특기적성 등 다양한 소위원회가 꾸려져, 학교 운영과 관련된 사안들을 꼼꼼하게 심의하고 있는 것은 물론, 특히 급식의 경우, 학교운영위원들이 조를 짜 직접 납품 업체들을 방문해 비교·분석한 뒤 업체를 선정하고, 해마다 하루씩 '학부모 급식 체험의 날' 행사를 개최하는 학교도 있다고 들었다. 학교운영위원회가 제 구실을 하다 보니, 어머니회나 체육진흥회 등 학부모 자생조직에서 멋대로 돈을 걷는 일도 없다. 모든 학부모 조직들은 연초에 연간 사업계획서를 제출해 학교운영위원회의 타당성 검토를 거친 뒤 활동한다. 학교 교육 시설을 개선한다며 툭하면 학부모들에게 손을 벌리는 관행도 사라졌다. 학부모들이 돈이 아니라 다양한 활동으로 학교에 도움을 주겠다는 마음 자세로 학교에 오고, 교장선생님도 학부모 참여를 껄끄럽게 여기지 않고 교육의 동반자로 받아들여야 학교가 진정 발전할 수 있는 것이다.

2) 학부모와 학교운영위원회

학교운영위원회는 교사와 학부모 그리고 지역사회 인사들이 학교 운영의 주요 사항을 심의·의결함으로써 학교의 교육 행위에 대하여 권리와 책임을 지닌 중요한 학교공동체이다. 교사·학부모·지역사회 인사 등이 학교 운영 사항을 결정하는 데 참여함으로써 학교 운영에 관한 이해관계를 표현하고 실현할 수 있는 기회를 가지게 된 것이다. 이러한 학교운영위원회 제도는 지난 1995년 5월 31일 교육개혁위원회가 교육

개혁안 중의 하나로 당시 김영삼 대통령에게 건의한 후 제도 도입을 결정하였으며, 1995년 하반기에 초·중·고등학교 355개교에 대한 시범 운영을 거쳐 그 실효성을 검증한 후, 1996년부터 국·공립학교에 설치를 의무화하였다.

1995년 제도 도입 당시 학교운영위원회는 지방교육자치에관한법률에 근거하여 설치·운영되었으나, 학교운영위원회가 일종의 단위학교 차원의 자치 기구라는 점을 감안하여 1997년 12월 교육법을 폐지하고 초·중등교육법을 새로 제정하는 과정에서 초·중등교육법에 새로 규정하게 된다. 이 과정에서 종래 대통령령과 시도 조례에 규정되어 있던 학교운영위원회의 기능을 법률에 규정함으로써 실질적인 '학교 심의 기구'로서의 성격이 명확화되었으며, 사립학교의 경우에는 그 설치 여부를 자율적으로 결정하도록 규정하였다. 당시 교육부에서는 시도교육청 평가 등을 통하여 사립학교에 대하여 학교운영위원회를 설치하도록 권장하였으나, 실제 학교운영위원회를 설치한 사립학교는 그리 많지 않았다.[9)]

여러 이유가 있겠지만, 학교운영위원회의 설치가 사립학교 자율성의 침해로 이어질 수 있다는 학교법인 측의 불만이 많이 작용한 듯 하다. 반면, 일부 학부모들과 교육 관련 시민단체는 초등학교와 중학교에서 국민 보통교육을 실시하고 있다는 점과 중학교와 평준화 지역에서는 공·사립의 구분이 무의미하다는 점을 근거로 사립학교에도 학교운영위원회의 설치를 의무화해야 한다고 주장하였다.

이러한 가운데 1999년 8월 당시 교육부는 초·중·고등학교 학교운영위원회 위원 전원으로 구성된 선거인단을 구성하고 선거인단이 교육위원과 교육감을 선출하도록 선거 방식의 변경을 추진하게 된다. 이

9) 1999년 4월 기준으로 학교운영위원회를 설치한 사립학교의 비율을 보면, 초등학교 10.7%, 중학교 13.8%, 고등학교 11.7%, 특수학교 18.8%에 불과했다(교육인적자원부 내부자료).

과정에서 많은 반발이 있었지만 사립학교에도 학교운영위원회의 설치가 의무화된다. 다만, 사립학교의 자율성과 특수성을 고려하여 그 성격을 심의기구가 아닌 자문기구로 하였으며, 학교 헌장과 예·결산은 학교법인의 요청이 있을 경우 자문하도록 하였다.

학교운영위원회를 우리 교육 현실에 도입한 지도 벌써 10여 년이 되어 간다. 일부 학교운영위원의 비전문성과 자질 부족으로 인해 회의 운영이 형식화되고 또, 가끔 지위 남용의 사례가 발생하기도 한다. 일부 학교에서는 학교운영위원회를 학교 경영에 대한 고유 권한이나 전문성을 침범하는 것으로 여기는 사람들도 있다. 하지만 학교운영위원회는 명실상부한 학교 내 자치 기구로 자리 잡고 있다. 한 여론조사에 의하면 사립학교 법인과 학교장의 74.3%가 학교운영위원회가 학교 운영에 기여하고 있다고 생각하고 있으며, 기여 사항으로는 학교 운영에 대한 관심과 지원 제고(57.4%), 학교 운영의 민주성 제고(42.6%), 학교 운영의 투명성 제고(28.7%)를 꼽고 있다.[10)]

2005년 1월 경기도 모 사립고교에서 편입학생 학부모들로부터 1인당 3백만~1천만 원씩 기부금을 받았다는 기사가 실렸다. 교장이 사무실에서 기부금을 현금과 수표로 직접받았고, 간부 교사는 브로커 역할을 했다고 한다. 학교측은 정상적 학교발전기금이라고 주장하지만, 편입학 대가성일 가능성이 높다는 게 경찰과 교육청의 입장이다. 학교측은 편입학 상담 과정에서 학부모들에게 '기부금이 필요하다'는 뜻을 밝혔다고 한다. 자녀의 편입학에 목을 맨 학부모 입장에서는 편입학 조건일 수밖에 없다. 학교 발전을 위해 자발적으로 내는 통상의 학교발전기금과는 성격이 크게 다르다. 더구나 이 학교 교장은 기부금을 학교회계에 넣지 않고

10) 코리아리서치(교육인적자원부 의뢰), 2002. 12월 '학교운영위원회 인식도' 관련 여론조사.

별도 통장을 만들어 개인적으로 관리했다고 한다.

이런 독단적이고 불투명한 학사 운용은 이 학교가 남편은 학교 이사장, 부인은 교장인 형태의 사립학교여서 가능했을 수도 있다. 하지만 보다 근본적으로는 학교 운영에 대한 학부모의 참여 부재와 학교운영위원회 기능의 형식화가 빚어낸 결과라고 할 수 있다. 기부금 출납과 용처를 감시해야 할 학교운영위원회가 책임을 방기하고 교장에게 모든 집행권을 위임한 사실이 이 학교의 비정상적 운영 현실을 말해 준다. 더욱 큰 문제는 상당수 사립학교들의 부당한 기부금 강요 행위가 관행화돼 있다는 데 있다. 어느 사립학교의 설립 취지에도 돈 있는 학생만 가르쳐야 한다고 되어 있지 않지만 현실은 이렇게 왜곡되어 있다. 물론 모든 사립학교가 다 이렇다는 것은 절대 아니다. 극히 일부의 사립학교 문제이긴 하지만 학부모의 학교 참여의 당위성을 다시 한 번 확인시켜 주는 대목이기도 하다.

4. 과외교육 정책

1) 과외교육, 왜 문제인가

과거 우리 사회는 교육을 통해서 보다 나은 자신들의 미래와 기대를 품곤 했으나, 지금은 교육으로 인해 오히려 많은 국민들이 고통받는 양상마저 초래하고 있다. 우리 나라 학부모 대부분은 과외 효과에 대한 강한 신념이 있다기보다는 '효과에 대한 확신은 없어도, 최소한 해롭지는 않다'는 소위 '과외 불패의 신화(myth)'에 매여 있다. 과외를 받는 대상 학생도 대입 입시 과외에서 중등 · 초등 · 유아로까지 점차 확대되는 추세이다. 특히 취학 전 한글 · 수 개념 중심의 선행학습이 초등학교 단계의 영어 등 교과목 과외로 확대된 지는 이미 오래됐다. 이것은 과외교육이 단순히 실력 보충 수단에서 벗어나 우등·열등생을 가리지 않고 과외를 시켜야 한다는 강박관념만이 만연하는 일종의 '사회적 과외 중독 현상'을 보여주는 것이다.

현재, 우리 사회가 겪고 있는 교육의 근본 문제는 "좋은 학교만 들어가면, 좋은 인생이 보장될 것"이라는 식의 그릇된 개념의 학벌(學閥)로부터 파생하고 있다. 학력(學力)이 아닌 학벌주의가 사교육을 확대·재생산시키고, 공교육의 부실화를 조장하고 있는 것이다.

자녀교육을 위한 사교육비 부담은 이젠 가계의 수지 균형을 위협할 뿐 아니라, 계층의 대물림에 따른 사회적 대립까지 촉발시키고 있다. LG경제연구원('02.6)에 따르면 상위 20% 계층의 과외비 지출이 하위 20%의 4.6배에 이르는 등 소득계층간 과외의 '빈익빈·부익부' 현상이 갈수록 심화되고 있으며, 한국갤럽('03. 8)은 가계 평균 생활비 167만 원 중에서 가계 월평균 사교육비로 36.2%인 60.5만 원을 지출하고 있는 것으로 조사한 바 있다. 이것은 과외 문제가 이미 한 가정의 교육이나 경제 문제 차원을 넘어, 사회 전반에 침체와 갈등을 초래하는 국가적인 문제로 그 성격이 바뀌고 있다는 것을 의미한다.[11)]

과외교육이란 학교 밖에서 이루어지는 과외 사교육을 의미하는데, 입시학원비나 방과 후 특기·재능을 키우기 위한 개인과외비가 그 대표적이다. 2000년 과외 금지 법률에 대한 헌법재판소의 위헌 판결 이후,

11) 과외 사교육비 통계(초·중·고등학생 대상, 2004년 2월 교육인적자원부 내부 자료).

조사기관(시기)	코리아 리서치센터 (2000. 11월)	한국교육개발원 (2001. 5월)	한국교육개발원 (2003. 9월)
사교육비 총규모	7조 1,200억원	10조 7천억원	13조 6,000억원

학원 과외가 급속히 증가하여 최근 수년 동안 커다란 사회문제로 대두되었다. 정부도 이 문제를 해결하기 위해 지난 2004년 4월부터 인터넷을 활용하여 국가 주도 과외라는 일부 비난을 무릅쓰고 EBS 수능방송을 전격 실시한 바 있다. 당시 국민들의 많은 호응도 있었지만, 이러한 과외 수요 억제에 대한 사회적 필요는 대입 수능 출제 시 EBS에서 방영되는 강의 내용을 직접 연계하겠다는 정부의 초강수 정책이 발표하게 된 직접적 배경이 되기도 하였다.

2) 과외 대책 추진 경과

학교 밖의 과외교육은 60년대에는 보충학습 형태로 대학생의 개인지도 등을 중심으로 발달하기 시작했다. 60년대 이후는 기업형 학원 과외가 사회 산업으로 정착하여 다양한 형태의 과외가 성행하였다. 정부는 1969년 2월 중학교 입시 과열로 초등학교 과외가 성행하여 사회문제로 비약되자 중학교 무시험 추첨 입학 제도를 도입하게 된다. 이후 초·중등 교육과정 운영의 정상화라는 명목으로 대도시 지역부터 고교 입시 전형을 경쟁선발 방식에서 학군별 배정 방식으로 변경하는 고교 평준화 조치가 1974년 3월 서울과 부산 지역부터 단계적으로 시행되게 된다. 당시 1973년도의 경우, 인문계 고등학교 지원자의 40%만이 겨우 입학할 정도로 고교 진학 입시는 매우 치열했다. 정서 불안 등 소위 '중3병'이 전체 중학생의 27%나 되었으며, 중학생의 91%가 하루 4시간 이상 과외 수업을 받는 등(5대 도시에서만 약 216억 원 추정 : 당시 문교부 예산의 1/10) 고등학교 입시 경쟁은 당시 가장 커다란 사회문제로 인식되었다.

1980년대까지는 교육의 평등주의 이념에 근거하여 과외 문제를 직접 규제하려 했으나, 과외 발생의 원인을 해소시키는 근본 대책보다는 과외 현상 자체를 억제하는 대증요법적(對症療法的) 처방 위주로 대처하게 된다. 1980년 7월 국보위의 '7.30 교육개혁 조치'로 과외는 전면 금지(학교 보충수업도 금지)된다. 이와 함께 대학 입학 정원이 확대되고 대학 졸업정원제가 실시되게 된다. 또한 초·중·고 교과목 수 축소와 TV교육 전용 방송 실시 계획도 이때 발표되게 된다.

이후 정부는 1981년 7월 예·체능계, 기술·기능계와 개인의 취미활동에 한해서 과외 교습을 부분적으로 허용하는 과외 완화 정책을 발표하고, 계속해서 1983년 8월 학업 성적 하위 5%에 해당하는 학습부진아에 대하여는 학교 보충수업을 허용하는 추가 조치를 실시한다. 이후 1984년 4월 대학입시를 앞둔 고교 3학년에 한해서 겨울방학 중 사설 외국어학원 수강을 허용하더니, 1988년 5월 자율화의 바람을 타고 학교 내 보충수업을 전면 부활시키게 된다.

1980년대 후반부터는 사회적으로 확산된 민주화 분위기를 타고 사교육에 대한 단속·규제 위주의 정책에서 점차 학교교육 정상화 등 교육의 본질 회복을 위한 방향으로 정책이 선회한다. 1989년 6월 대학생의 비영리적 과외 교습이 허용되고, 초·중·고 재학생의 방학 중 학원 수강과 학습용 녹화 테이프도 허용된다. 그리고 1991년 7월 초·중·고 교생의 학기 중 학원 수강과 대학생의 과외 교습을 전면 허용하고, 학교 보충수업 운영은 학교장에 일임하여 자율 결정하도록 조치하였다. 또한 1996년 3월 대학원생에 대해서도 과외 교습이 허용되고, 학교 내 특기·적성 위주의 방과 후 활동이 수익자 부담으로 전면 허용된다. 그리고 1998년 8월부터는 성적에 의한 한 줄 세우기 교육을 부추긴다는 이유를 들어 학교 내 보충수업과 자율학습을 단계적으로 폐지키로 결정한다.

2000년 4월 헌법재판소의 과외 금지 위헌 결정에 따라 모든 과외가 원칙적으로 허용되고, 사교육 시장이 급속히 팽창함에 따라 가계 경제의 부담이 가중되고 학교교육이 부실화되는 악순환이 또다시 발생하게 된다. 이에 대응하여 정부는 2001년 7월 OECD 수준의 학급 당 학생 수 감축 등 교육 여건 개선을 주요 골자로 한 공교육 내실화 대책을 마련하고, 2004년 4월에는 인터넷 매체를 활용한 EBS 수능강의를 실시하였다. 그리고 같은 해 10월 수능등급제 실시를 골자로 한 2008학년도 새 대입제도 개선안을 발표하게 된다. 다양한 사교육 수요를 학교 내로 흡수하기 위한 정부의 노력은 참여 정부 내내 주요한 정책 아젠더로 관리되었으며, 그 대표적인 정책이 EBS 수능강의와 2006년 3월부터 278개 학교에서 시범적으로 도입된 방과후 학교라고 할 수 있다.

3) 과외 정책이 주는 교훈

정책이 성공하기 위해 무엇보다 중요한 것은 정부의 개혁 의지와 진정성에 대한 신뢰가 전제되어야 한다. 그리고 국민들이 수용할 수 있고 그들의 신뢰를 얻을 수 있는 안이어야 함은 물론이다.

사교육 경감을 위한 정부 차원의 다양한 노력에도 불구하고, 지나친 대학입시 경쟁 풍토와 교육 투자의 한계 등으로 인해 소기의 성과를 충분히 거두었다고 평가하기에는 아직은 미흡하다.

입시 제도를 포함한 학교교육 제도 자체가 여전히 과외 수요를 유발하고 있고 학벌 구조로 인해 사회적으로 과잉 이득이 존재하는 한, 종래 대증요법적(對症療法的) 대책만으로는 과외 수요를 근본적으로 억제하는데 한계가 있는 것이 사실이다. 이제는 과외 사교육 문제를 학부모의 과잉 교육열로 인한 사적인 문제만으로 돌리지 말고, 국가적 차원의 과제로 부각시켜 학교교육의 영역과 역할을 다시 정립할 필요가 있다. 학교 밖 과외교육 경감 대책의 본질은 분명한 가치 지향에 따른 사회적 결단의 문제이며, 시민 공동체 간 합의와 참여의 문제이기도 하다.

따라서 학교 밖 과외교육에 대해서는 인적자원 개발·양성이라는 교육 체제의 전반적인 개혁 차원에서 접근할 필요가 있다. 과외비를 포함한 사교육비 규모에 대해서도 국가 차원에서 전문적인 조사와 분석 등을 주기적으로 실시하여야 한다. 그리고 과외 문제를 유발하게 하는 각종 사회·문화를 치유할 수 있는 대책도 고민해야 한다. 물론, 과외 폐해의 사회적 고통을 다소나마 줄이는 EBS 수능과외나 학교 보충수업 실시, 방과 후 학교 운영 등과 같은 단기적 처방의 필요성을 부인하는 것은 아니다. 중요한 것은 학교의 교육력 회복이라는 큰 틀에서 움직이고 있느냐에 있다. 이 부분이야 말로 과외 문제의 본질에 접근하고 해결의 실마리에 다가갈 수 있는 기본이 된다고 할 수 있다.

다시 말해서, 앞으로의 과외 정책의 방향은 지금까지 과외 대책의 경험을 교훈삼아, 학교의 교육력 회복과 학벌 타파 등 사교육 발생 원인의 구조적·제도적 문제 해결에 보다 중점을 두어야 한다는 점이다. 수능 뿐만 아니라 초·중등학교의 평가 체제를 근본적으로 개선해야 한다. 아울러 지역의 교육력이 강화될 수 있도록 장기적 관점에서 학제 개편과 같은 새로운 인적자원 양성 체제를 재검토할 필요가 있다.

단기적으로는 관련 정부 정책의 상호 연계를 통해 시너지 효과를 도모하고, 학교 내 시설과 정보 매체를 최대한 활용하여 탁아형, 입시교육형 사교육비 지출을 최대한 흡수할 수 있도록 현행 정책을 지속적이고 일관성 있게 추진하여야 한다. 정부의 개혁 의지와 진정성에 대한 국민적 신뢰야말로 다양한 이해관계를 가진 교육계 내에서 정책이 성공할 수 있는 핵심적인 요건인 것이다.

4) 과외 문제, 어렵지만 풀어야만 하는 숙제

다양하게 존재하는 '사교육 수요'를 학교 안으로 끌어들이려는 정부 대책은 과거에도 계속 발표되어 왔다. 교과 과외 수업을 학교 내로 흡수하기 위해 도입한 '방과후 학교'와 'EBS 수능방송'이 그 대표적인 사례이다. 일부에서는 학교가 학원이 하는 일을 하는 것은 교육의 본질에 어긋난다는 반론을 제기하기도 한다. 물론, 학원이 학교를 따라 한다고 해서, 학교가 무턱대고 학원의 운영 방식을 흉내낼 필요는 없을 것이다. 학교는 학원과 다르며 그 다른 이유를 학교가 먼저 새롭게 그 존재 가치를 밝히고 재정립해 나가야 한다. 이 점이 앞으로 학교 밖의 공부와 학교 안에서의 공교육이 차별화될 수 있는 지표가 될 수 있을 것이다.

급변하는 21세기 세계화 · 정보화 시대에서는 개인이나 사회의 성장은 물론, 국가의 경쟁력과 운명까지도 '사람과 지식'에 의해 좌우된다. 즉, 세계 속의 국가 간의 경쟁도 실은 "교육을 통한 국가 간의 경쟁"으로 정의될 수 있다. 창의적이고 유능한, 그러면서도 유연한 사고를 가진 인재를 양성해야 하는 학교의 역할은 더욱 중요하게 된 것이다.

그러나 이제껏 우리는 학벌에 대한 잘못된 신앙으로 인해 지나치게 대학 입학과 같은 선발 문제에만 집착하면서, 이러한 시대적 변화에 적합한 인간 육성에 소홀해 왔다는 비판에 직면하고 있다. 교육의 본질에 해당하는 '사람을 바르게 키우는 일', 즉 도야(陶冶)에는 깊은 관심을 쏟지 못했던 것이 사실이다. 이제 우리는 창의적이며 자기주도적인 인간, 즉 국가 대계를 위한 인적자원을 체계적으로 양성한다는 어쩌면 교육의 본질적인 문제에 눈을 돌릴 시기가 되었다. 이제 주 5일제가 정착되게 되면 학교라는 제한된 공간보다는 가정과 사회에서 학생들이 학습하는 시간이 많아지고 다양한 정보통신 매체를 활용하여 원하는 자료를 찾아 창의적인 학습 활동을 할 수 있는 기회가 보다 늘어날 것이다.

현재 우리 나라 학생의 학력(學力)은 국제 비교에서 볼 때 매우 우수하나 창의적인 학습 능력은 상대적으로 저조한 것으로 나타나고 있다.

민주 시민교육과 인성교육의 내실화를 위한 학교교육 차원에서의 다양한 노력이 필요하다. 생활 속에서 감동·실천할 수 있는 체험 중심의 인성교육과 창의성 교육을 실시할 수 있도록 가정에서도 이러한 방향으로 더 많은 교육적 관심을 기울어야 하며, 학교 차원에서도 학생 선택 교육과정의 운영이나 개별화 학습 지원 등 다양한 교육활동을 보다 확대해야 할 것이다.

5. 사립학교 정책

1) 사립학교의 현황과 특성

사립학교는 독특한 교육 이념을 실현하기 위하여 설립·운영되기 때문에 그 독자성을 생명으로 한다. 이 독자성 때문에 국민의 다양한 요구에 부응할 수 있는 창의적인 교육을 할 수 있는 것이다. 공립학교의 경우에는 그 한계 때문에 공교육이라는 틀을 벗어나서 다양성 있는 교육을 실시하기 어렵다. 그러나 사립학교는 건학 이념 구현이라는 설립 목적을 바탕으로 하여 다양한 교육을 실시할 수 있을 뿐만 아니라 새로운 교수 방법이나 교육 이론을 연구하고, 개발된 이론과 방법을 교육현장에 직접 적용하여 실험할 수 있는 가능성이 더 많다.

한국 교육 발전과 국민의 교육권 보호라는 차원에서 볼 때, 사학은 더 이상 소외되거나 불신과 통제의 대상이 되어서는 아니 된다. 우리 교육의 절반 이상을 차지하고 있는 사학의 발전 없이는 우리 교육의 발전을 기대할 수 없기 때문이다. 그렇다면 사립학교가 교육의 질과 수월성을 제고하기 위한 여건은 무엇인가, 그 해답은 바로 우리 교육이 안고 있는 과제이자 비전이다. 이제는 시대가 바뀌었다. 사립학교도 정부에만 의존하여 학교를 교육 철학 없이 운영하거나 비합리적인 학교 경영으로 지탄을 받는 일은 이제 더 이상은 없어져야 한다. 그런 일에 시간을 낭비하면 할수록 우리 교육의 미래는 보이지 않는다.[12)]

사립학교는 공립학교와 다르며 또 달라야 한다. 앞으로 사립학교가 자신들의 건학 이념을 구현하고 공립학교와 구별되는 학교 운영의 자율성을 보다 요구하기 위해서는 스스로가 먼저 달라질 필요가 있다. 그러기 위해서는 먼저 사학 재정 구조의 합리화를 모색해야 한다. 학교법인은 국가나 교육청의 재정 지원에 의존하기보다는 재정 구조 개선을 통한 독자적인 경영 능력을 먼저 확보할 필요가 있다. 그리고 학사 운영과 교육과정에 학부모들의 요구를 적극 반영하여 학교 운영에 이들을 보다 적극적으로 참여시킬 필요가 있다. 진정한 명문은 자율과 혁신에서 나오며 이러한 토양은 우리 사립학교에 충분히 내재되어 있다고 본다. 아울러 정부 차원의 사립학교 운영과 관련된 대폭적인 규제 완화도 뒤따라야 할 것이다.

우리 나라의 경우 사립학교는 국가 발전에 크게 기여한 오랜 역사를 갖고 있다. 2004년 현재 우리 나라 공·사립 중·고등학교 5,014개 중 사립 중·고등학교는 1,626개로 전체의 32.4%를 차지하고 있다. 중학교의 경우 사학의 비중은 23.2%인 데 비해, 고등학교는 44.6%로 절반에 가까운 수준이다. 최근 국·공립학교의 증가에도 불구하고 특히 고등교육기관의 경우에는 사학의 비중이 더욱 크다. 고등교육기관 전체 중 사학이 차지하는 비율은 학교 수에서 약 80%, 전체 학생 수에서 약 70%, 교원 수에서 약 77%나 된다. 그러나 이렇게 중요한 위치에 있는 우리의 사립학교는 현재 교육을 정상적으로 운영하는 데 많은 어려움을 겪고 있다. 학교법인의 재정 규모가 영세하고 정부로부터의 재정

---

12) 한준상(2003), 우리 교육의 지평을 찾아서, 아침이슬.

지원이 충분치 않은 데다가 납입금마저 물가 정책 등의 관련 국가 정책과 연관되어 사실상 제한을 받고 있기 때문이다. 이와 같은 사학 재정의 취약성은 결과적으로 공립학교와 사립학교 간의 학생 1인당 교육비와 교육 여건에서 심한 격차를 가져왔다.

교육은 원래 국가로부터 강제되지 않은 개인의 자유로운 생활 영역이었다. 따라서 개인이나 법인에 의하여 설립되는 사립학교는 자주성을 기본적인 특성으로 한다. 사학의 자주성은 사학 설치의 자유와 사학 경영 내지 교육의 자유를 주된 내용으로 한다. 그러나 근대 국가의 출현 이후 증대되는 교육 수요에 대응하고 교육의 기회 균등을 확대하기 위하여 국가가 점차 교육을 운영하게 되었으며, 사적으로 운영하던 사립학교도 점차 국가의 지원 내지 감독을 받게 되었다. 사적 영역의 사립학교가 규모가 커지고 가용자원의 한계로 국가의 지원을 받게 되며, 또 교육을 통한 가치와 규범 형성이라는 교육의 공공성 증대로 사립학교도 '공공성'을 강하게 갖게 되었다. 사립학교의 공공성은 교육에 대한 책무성의 표시로 사립학교도 국 · 공립학교와 동일한 교육기관이고 그로 인하여 교육법에 의하여 일정한 제한을 받아야 한다는 의미이다.[13)]

사립학교의 특성은 바로 이러한 '자주성'과 '공공성'이라는 양면의 성격을 갖고 있는 것이다. 한국의 사립학교법 제1조에서도 사학의 자주성을 확보하고 공공성을 함양함으로써 사립학교의 건전한 발달을 도모함을 그 목적으로 한다고 규정하고 있다. 뒤에서 다시 기술하는 사립학교법이 개정을 둘러싼 많은 갈등도 이러한 사학의 양면성에 기인한다고 볼 수 있다.

교육의 공공성이 강조되면서 사립학교와 공립학교의 차별화가 점차 약화되고 있다. 그러나 사학의 본질은 사적 주체에 의하여 자유롭게

13) 표시열(2002), "교육정책과 법", 박영사, pp. 326-327 참조.

설치 · 경영되고, 자기 책임 하에 교육이 이루어지며, 부모와 아동에 의한 자유로운 선택에 있다. 이러한 사학의 존재 이유는 공립학교에서 쉽게 기대할 수 없는 개성 있는 교육을 제공하는 데 있다. 법적인 관점에서는 국가의 학교 독점을 부정하고 교육의 자유를 보장하며 학부모와 아동의 학교 선택권과 개성 있는 사학의 교육받을 권리를 보장하는 것이다. 사학이 존재하고 있는가, 어느 정도의 자유가 보장되며 어느 정도의 교육상 독자성을 가질 수 있는가 하는 것은 민주주의 성숙도의 한 측정 지표라 할 수 있다.

2) 사립학교 설립과 지원

사립학교를 설립하기 위해서는 우선 학교법인을 설립하고, 학교법인이 설치 · 경영하는 사립학교에 필요한 시설 · 설비와 교사, 교지, 수익용 기본 재산을 갖추어 고등학교 이하의 경우에는 시 · 도교육감에게 그리고 대학(교)의 경우에는 교육인적자원부장관에게 학교 설립 인가를 받아야 한다. 사립학교를 폐지하거나 목적, 명칭, 학칙, 교사 · 교지의 위치 등 사립학교의 중요 사항을 변경하고자 하는 경우에도 교육감(고등학교 이하의 경우)의 인가를 받아야 한다. 그리고 연간 학교회계 운영 수익 총액의 2분의 1 이상에 해당하는 가액의 수익용 기본 재산을 학교법인측이 확보하고 있어야 하며, 이 때 수익용 기본 재산은 그 총액의 100분의 5 이상에 해당하는 가액의 연간 수익이 있어야 한다. 그리고 학교법인이 학교 설립 인가를 받아 학교를 운영할 경우에, 수익용 기본 재산에서 생긴 수익의 80% 이상에 해당하는 가액을 소속 학교 운영에 필요한 경비로 충당하여야 한다. 다만, 수익액이 얼마이든 발생 수익의 80% 이상을 학교 운영 경비로 충당하면 되고, 학교 운영 경비의 대부분을 차지하는 인건비에 대해서는 별도로 책임을 부과하지 않고 있다.

이처럼 학교법인으로 하여금 사립학교의 운영에 필요한 재산을 갖추도록 규정한 것은, 사립학교 운영에 필요한 비용을 학교법인이 직접 부담하는 직접 책임 부과 방식이 아니라, 적정한 재산을 갖추어 그 수익으로 학교운영비를 충당하도록 하는 간접 방식을 채택하고 있다는 것을 의미한다. 사립학교 설립·경영자가 부담해야 할 법정부담금은 연금부담금, 재해보상부담금, 의료보험부담금으로 법령에는 학교법인이 의무적으로 이를 부담하도록 하고 있으나, 그 전액을 부담하기 어려운 경우 부족액을 학교법인이 아닌 학교가 부담할 수 있도록 하여 학교설립·경영자의 책임을 간접적으로 면제해 주고 있는 것이다.[14)]

현재 사립학교법을 비롯한 관계 법령과 조례에는 사립학교에 대한 지원의 범위와 규모에 대해서 구체적으로 규정하고 있지는 않다. 따라서 고등학교 이하의 경우 교육청별로 관련 지침을 수립하여 지원하고 있는데, 일반적으로 사립학교의 재정 수입액인 입학금, 수업료, 법인전입금 등의 기준 재정 수입액이 교직원 인건비, 법정부담금, 수업료 면제액, 학교운영비 등 기준 재정 수요액보다 부족할 경우 그 부족액을 모두 지원하는 방식을 취하고 있다. 또한 학교 내 교육 환경 개선을 위하여 필요한 시설 개선비나 국가 시책상 필요한 경비에 대해서 국가에서 별도로 지원하고 있으며, 시·군 및 일반 지방자치단체에서도 그 관할 구역 안에 있는 학교에 대해 일부 경비를 보조하고 있다.[15)]

일반적으로 사립학교가 폐지·해산하게 되는 경우에는 학교법인의 잔여 재산은 원칙적으로 당해 지방자치단체에 귀속하게 된다. 다만, 예외적으로 고등학교 이하의 사립학교에 있어서 학생 수 격감으로 인해 학교

---

14) 사립학교교직원연금법 제47조 및 제48조의 2조, 국민건강보험법 제67조 참조.

15) 시·군 및 자치구의 교육경비보조에 관한 규정(대통령령) 제2조(보조사업의 범위) 참조.

의 목적 달성이 곤란하다고 인정될 경우에는 학교 해산 시 시도 교육감의 인가를 받아 법인 기본 재산을 설립자 등에게 환원할 수 있도록 특례 규정을 두고 있다.[16] 이 특례 규정은 지난 1997년부터 운영되고 있으나 학교법인 해산 시 귀속 재산에 부과되는 증여세 등의 문제로 인해 실제 학교법인이 해산된 경우는 그리 많지는 않다.

3) 자립형 사립고 제도

자립형 사립고는 1995년 5월 대통령 자문기구인 교육개혁위원회의 교육개혁안에서 처음으로 그 도입의 필요성이 제시되었다. 그 후 2000년 7월 대통령 자문기구인 새교육공동체위원회에서 자립형 사립고 도입을 대통령께 재차 건의함에 따라 2002년에 처음으로 자립형 사립고 정책이 채택되게 된다.

자립형 사립고란 학생·학부모의 학교 선택권을 확대하기 위해 재정 운영이 건실한 일부 사립학교를 대상으로 교육인적자원부에서 특별시범 학교로 지정하여, 고교 평준화 정책의 예외를 인정하여 학교측이 자율적으로 학생을 선발하고, 또한 교사 자격증의 제한 없이 교육과정 운영에 적합한 교원을 초빙할 수 있도록 허용하며, 교육과정의 운영에 있어서도 자율성을 특별히 보장하고 있는 학교를 말한다. 이 정책에 따라 지난 2001년 10월 민족사관고, 광양제철고, 포항제철고, 현대청운고, 해운대고 등 5개교가 자립형 사립고로 선정되었으며, 2002년 5월에는 전북 상산고가 추가로 선정되어 현재 6개교가 지난 3년간 자립형 사립학교로 시범 운영되었다.

---

16) 사립학교법 제35조의 2 규정(해산 및 잔여재산귀속에 관한 특례)은 동법 부칙 규정에 따라 2006년 12월 31일까지 학교법인의 해산 인가를 신청하는 자에 대하여 이를 적용하도록 한시적으로만 운영하고 있다.

정부는 2005년 9월 한국교육개발원(KEDI)에 위탁하여 지난 3년간의 자립형 사립고 시범운영 성과에 대해 평가한 결과, "자립형 사립고의 공과(功過)를 판단하기에는 시범운영 기간이 충분치 않았다"고 하면서 "현재 시범운영 중인 6개 학교에 대해서는 학생 모집 지역 등 현행 운영 방식을 유지하는 선에서 시범운영 기간을 2010년 2월까지 연장하겠다"고 발표하였다.

일반 국민들의 시각에 자립형 사립고는 아마도 "교육과정이 일반학교보다 자율화되어 있으나, 수업료는 일반 학교의 3배 이상을 받고 국가나 교육청의 재정 지원을 받지 아니하며, 중학교 때 내신 성적이 매우 우수한 학생이 들어가는 학교" 정도로 이해되고 있을 것이다. 이러한 자립형 사립고 도입을 놓고 당시 교육계 뿐만 아니라 경제계 등 사회 전반에서 찬반 양론이 벌어졌으며 지금도 논쟁은 계속되고 있다. 도입 자체를 반대하는 측의 논리는 우수한 동일 집단을 선발하여 입시 위주 귀족학교가 될 터이니 시장 논리에 따른 새로운 학교 체제를 만들면 교육 불평등과 사회 격차를 심화시킬 위험이 있다는 것이다. 그러나 선택 기회의 확대를 요구하는 국민들의 다양한 교육적 요구를 완전히 거부할 수는 없었다. 물론 사립학교 정책에 대한 변화도 모색할 시점이었다. 결국 국민 일반의 학습권 의식의 향상을 직시해 평준화를 기조로 한 공교육 체제와의 조화를 이루면서 뿌리내릴 수 있는 자립형 사립학교를 출범시켜야 했다.

자립형 사립고는 과도기적으로 존재해야 할 학교이다. 궁극적으로 사립학교는 모두 자립형이 되어야 하기 때문이다. 그러나 국가의 교육재원이 충분치 못한 상황에서 당장 자율성과 재정 지원을 모두 병행하기는 현실적으로 곤란한 면이 있다. 그러므로 과도기적으로 재정 자립이 가능한 학교에 한정하여 자율성을 최대한 부여하는 것은 어쩔 수 없는 정부의 선택이었다. 건학 이념은 분명하지만 재정 자립은 다소 미흡한 사립학교에 대해서는 자율학교로 지정하여 학교 운영에 자율성을 최대한 부여할 필요가 있다. 예컨대, 자립형 사립고에 대한 재정 지원 중단으로 인한 잉여 재원을 이러한 학교에 우선 투입할 수도 있을 것이다. 자립형 고등학교 이외의 보조형 학교의 경우에는 국고 보조를 받으면서 현재의 학군 내 추첨에 의한 학생 선발 방식과 납입금 규제 정책을 유지하도록 하되, 교육 프로그램 운영과 학사 관리에 대해선 단계적으로 자율을 허용할 필요가 있다. 국가는 사학이 자체 노력을 유도하고 그러한 노력을 적극 지원하는 선에서 그 주된 역할을 바꾸어야 한다.[17)]

자립형 사립고를 희망하는 학교들은 건학 이념에 충실한 경쟁력 있는 교육 프로그램으로 승부해야 할 것이다. 문패만 갈아 달고 입시 위주 교육에 치중해 입시 특수를 누리는 학교로 변모할 생각은 앞으로 절대 성공할 수 없다. 일부 사학의 오명을 또렷이 기억하고 있는 우리 사회는 자립형 사립학교가 자율을 올바로 구사해 우리 자녀들이 성장하는 곳이 될 수 있는지 그 운영 과정을 지켜볼 것이기 때문이다.

6. 지방교육자치제도

1) 교육자치와 일반자치의 관계

우리 나라 교육 제도의 중요한 부분을 차지하고 있는 것이 지방교육자치제도로서 지방자치와 교육자치라는 두 가지 개념이 결합된 것이기에 지방교육자치를 논할 때 이 두 가지 측면을 동시에 고려해야 한다. 즉 중앙행정으로부터의 독립과 일반행정으로부터의 독립이라는 수직적 ·

17) 윤정일 외 1인(2003), "한국 공교육의 진단", 집문당, pp. 172-173 참조.

수평적 분권 등 이중의 과제가 교육자치제도의 중요한 핵심이라 하겠다. 지방교육자치는 중앙정부로부터 교육관련 의사결정권의 수직적인 분권화의 필요성과 함께, 일반행정(일반지방자치)과의 역할 분담이라는 수평적 분권화의 두 가지 측면에서 논의해야 하는 복잡한 문제인 것이다. 현행 「지방교육자치에관한법률」은 교육위원회를 일종의 "위임형 의결기관"으로 보아 그 기능을 시 · 도의 교육 · 학예에 관한 주요 사항을 심의 · 의결하는 것으로 규정하고 있어 지방행정의 종합성을 강조하는 관점과 헌법상 기본 원리라 할 수 있는 교육의 자주성 · 전문성 · 정치적 중립성을 중시하는 관점을 모두 고려하고 있다. 결국, 지방교육자치에 있어서 수직적 · 수평적 분권을 어떤 수준으로 어떤 방법으로 할 것인가라는 문제는 결국 민주주의 발전이라는 지방자치의 목표와 창의적 인재 양성이라는 교육 목표를 어떻게 조화시켜 나갈 것인가에 대하여 사회적 합의를 이루어 가는 과정인 것이다.

1991년 이래로 현행의 지방교육자치제를 시행해 오면서 그간 제기되어 온 문제를 해결하기 위해 여러 차례에 걸쳐서 법률 개정 등 부분적인 손질을 해 왔다. 그러나 아직도 교육위원회의 위상과 역할, 교육위원 및 교육감의 선출 방법 등에 관해서는 이해 집단들이 각자의 기존 입장만을 고집하고 있어 해결의 실마리가 보이지 않고 있다. 지방교육자치를 실시하는 근본 이유는 학교 현장의 교육이 "주민의, 주민에 의한, 그리고 주민을 위한" 것이 될 수 있도록 하는 데 있으나, 현행 시 · 도 광역 단위에만 한정된 지방교육자치제도로서는 이를 실현하기가 구조적으로 어렵다는 지적도 많다. 아울러 주민 참여를 확대하는 방향으로 제도 보완이 필요하다는 요구도 최근 증대하고 있다. 각 지역에서 새로운 인적자원 개발 수요가 대폭 증가하고 있으며, 이에 따라 일반자치와 교육자치 간의 협력 · 연계 강화가 그 어느 때보다도 절실히 요구되는 시점이다. 다시 말해서 그 간 이루어졌던 다양한 논의와 축적된 경험을 토대로 하여 실행 가능성이 있는 제도적 보완 방안을 검토하고 이를 공론화하여 제도개선을 추진해 나가야 할 시기가 도래한 것이다. 참여정부 들어서서 대통령 직속의 정부혁신지방분권위원회에서 교육자치 개선 문제를 다루고 있는 것은 이와 무관치 않다.

지방교육자치제가 명실상부하게 실현되기 위해서는 다음 몇 가지 요건이 구비되어야 한다. 우선 일정한 지역과 주민을 기초로 하는 자치권이 있는 법인 조직, 즉 지방자치단체가 설치되어야 한다. 그리고 그 지역 내의 교육행정 사무 처리에 있어 대표성과 고유한 영역이 설정되어야 하며, 지방교육행정의 자율성이 보장되고, 독자적인 재원 및 재정 운영의 자주성이 확보되어야 한다. 마지막으로, 그 지역 주민들의 교육행정에 대한 참여와 통제가 제도화되어야 한다. 실질적인 교육자치가 이루어지려면 이러한 제반 여건이 갖추어져야 하는데, 이는 지방자치제의 유형 및 실시 방법과 불가분의 관계에 있다. 일반 행정 분야에서 지방자치가 확립되는 정도는 교육자치의 실현에 지대한 영향을 미친다.

우선, 일반행정 분야에서 중앙정부가 지방자치단체에 어느 정도 권한을 위임하고 집행에 자율성을 부여하느냐에 따라, 교육행정에 있어서의 중앙과 지방 간의 관계도 그 테두리가 정해지게 된다. 교육행정의 경우에 특수성을 인정하여 그 관계를 달리 설정해야 한다고 주장할 수 있겠지만, 행정 전반에 걸친 권력 구조와 지도·감독 관계는 오히려 일관성을 유지하는 것이 바람직하고 또 어느 정도 불가피하기 때문이다. 다음으로 지방자치에 따른 주민들의 참여 방식도 교육자치 형태에 영향을 미친다. 즉, 일반 행정에 대한 주민의 참여 및 통제 방식에 따라 교육행정에 주민의 의사가 반영될 수 있는 정도가 달라지게 된다.

또, 지방자치제에서 주민 대의 기구와 지방자치단체장과의 관계가 어떻게 설정되느냐에 따라 교육자치 역시 직·간접으로 영향을 받게 될 것이다. 기본적으로는 의결 기능과 집행 기능을 단일기관에 귀속시키는 기관통합형으로 할 것인가, 혹은 양 기능을 각각 다른 기관에 분리시켜 담당하게 할 것인가에 따라 교육자치 기구의 구성도 달라져야 할 것이다. 권력 구조의 상대적인 비중에 의해 영향을 받을 뿐 아니라 지방교육자치의 구성 모델을 제시해 주기도 하기 때문이다.

그밖에 지방자치단체 공무원의 신분과 인사관리 방식도 지방교육행정기관에 대부분 그대로 적용될 것이므로 밀접한 관련이 있다. 국가공무원과 지방공무원의 구성 비율을 어떻게 할 것인지, 또한 지방자치단체 직원들의 채용·승진·전보에 있어 자치단체장에게 어느 정도 권한을 위임할 것인지, 그리고 근무 조건과 보수의 기본 구조는 어떻게 설정할 것인지 등은 일반 지방행정기관과 지방교육행정기관에 공통적으로 적용되는 인사 제도상의 결정 사항들이다.

마지막으로, 지방자치에 있어서 재원 조달 및 재정 운용의 자주성이 어느 정도 확보되어 있는지도 교육자치에 직접적인 영향을 미친다. 지방재정의 대부분을 지방세에 의존하느냐 혹은 중앙정부로부터의 교부금이나 보조금에 의존하느냐는, 지방자치단체의 교육 재정 담당 능력을 결정지을 뿐 아니라 재정적 측면에서의 중앙 의존도를 의미하므로 실질적인 지방자치가 어느 정도 가능할 것인가를 나타내는 지표가 될 수 있다.

2) 지방교육자치 운영 현황

우리 나라는 국가 차원에서 교육행정의 중심조직으로서 중앙정부에 교육인적자원부를 두고 있으며, 광역자치단체인 시·도에 교육위원회와 교육청을 두고 있다. 그리고 교육청 산하에 하급 교육청을 두고 있다.

중앙정부 조직인 교육인적자원부는 인적자원 개발 정책의 수립·총괄·조정, 학교교육·평생교육 및 학술에 관한 사무를 관장하기 위한 기구로 현재 장관과 차관, 차관보 아래 2실 4국 4심의관 34과를 두고 있다. 지방교육행정기관으로서는 시·도에 교육위원회와 교육청을 기관 대립형 구도로 두고 있으며, 그 아래 하급 교육청을 전국적으로 180여 개를 두고 지역교육청 산하에는 유치원·초등학교·중학교를 포함하여 총 16,605개교 교원 291,162명, 공무원 9,645명이 있다.[18)]

현행 지방교육자치는 16개 시·도의 광역 단위에서만 실시되고 있으며, 교육위원회는 교육과 학예에 관한 심의·의결기관이나 조례, 예·결산, 주민 부담 사항 등은 교육위원회의 의결을 거쳐 시·도 의회가 최종 의결하도록 되어 있다. 이러한 교육위원회는 시·도별로 5~7명씩 총 146명으로 초·중·고등학교 및 특수학교의 학교운영위원회 위원 전원으로 구성된 선거인단에서 선출된다. 선출 권역은 전국적으로 57개로 각 권역별로 2~4명을 선출하고 있으며, 교육위원 정수의 1/2 이상은 교육경력 혹은 교육행정 경력 10년 이상인 자로 구성하도록 되어 있다. 교육감은 독임제 집행기관으로서 임기는 4년이고, 1차에 한하여 중임이 가능하며, 교육규칙의 제정 등 시·도의 교육·학예에 관한 사무의 집행을 담당하고 있다. 교육감의 자격 요건으로는 학식과 덕망이 높고, 과거 2년 동안 비정당원인 자이어야 하며, 교육 경력 또는 교육공무원으로서 교육행정 경력이 5년 이상인 자를 대상으로 초·중·고등학교 및 특수학교의 학교운영위원회 위원 전체로 구성된 선거인단에서 선출된다.

3) 현행 교육자치에 대한 평가와 문제점

지방교육자치제 실시 이후 중앙정부의 권한과 기능 중에서 많은 부분

18) 교육통계연보(2003. 4기준), 참조.

이 시・도교육청으로 이양되거나 위임되고 있다. 그러나 이에 반해, 시・도교육청은 지역교육청과 비교해 볼 때, 여전히 지나치게 많은 업무를 담당하고 있는 등 시・도교육청과 지역교육청의 관계는 아직도 지나치게 수직적으로 운영되고 있다.

한편, 현재 교육・학예에 관한 조례안, 예・결산안 등은 교육위원회의 의결을 거쳐 시・도의회가 최종 의결하도록 되어 있다. 이러한 의결기관의 중복・이원화에 따라 교육위원회 60일, 시・도의회 120일 등 총회기 180일에 걸쳐 자료 제출, 보고, 감사 등이 중복되어 행정력의 낭비와 함께 일선 교육기관에의 업무 부담이 가중되고 있다는 지적이 많다.

그리고 현행 법령상에는 지방자치단체장이 교육 재정 확보, 학교 부지 확보, 학교 급식 제공, 학교 환경 정화 등에서 협력할 의무 등이 관련되는 개별 법률에 명기되어 있으나, 대단위 주택단지 조성 시 학교 부지 확보나 교육 재정 지원 등에서 일반행정의 협조와 역할 수행이 만족스럽게 이루어지지 못하고 있는 것도 아쉬운 점이다. 지방교육자치가 일반 행정 분야와는 달리 16개 시・도의 광역 단위에서만 실시됨으로써 실제 학교 현장 및 지역주민 생활과 직결된 교육자치가 이루어지지 못하고 있다는 평가도 나오고 있다. 아울러, 주민들이 교육행정 및 학교교육에 대한 책임을 묻기도 어렵게 되어 있고, 직접 교육행정에 참여하는 것도 곤란하기 때문에 주민들이 교육자치의 실질적인 주인이 되지 못한다는 얘기도 들린다.

또한 교육위원 및 교육감 선출이 초・중・고등학교 학교운영위원으로 구성되는 선거인단에서 선출되기 때문에 지역주민의 대표성 문제에 대해 논란이 계속된 것도 사실이다. 학교운영위원인 교사들이 투표권을 가지게 됨으로써 교직사회가 선거 열풍에 휩쓸리는 경향과 선거 과정에서 지연・학연 등 파벌 조성, 선거 후유증 등이 심각하다는 우려가 제기되고 있다. 다만 이 문제는 역으로 선출 과정에서 주민 대표성을 지나치게 강조하다 보면 정치인의 선거 참여 배제와 같은 교육의 정치적 중립성 문제나 시 · 도 지사와의 지역 대표성 경쟁 문제 등으로 인해 서로 상충될 수 있다는 지적이 있다.

정리해 보면, 현재 제기되고 있는 이러한 지방교육자치제도의 쟁점은 크게 교육위원회의 성격과 위상을 어떤 수준으로 결정할 것인가의 문제와, 선거 운동 방식의 개선을 포함하여 교육위원 및 교육감을 어떤 방식으로 선출할 것인가의 문제, 그리고 기초단위로의 교육자치 확대 논의를 포함한 지역주민이 교육행정에 직접 참여할 수 있는 제도적 장치의 문제 등으로 구분해 볼 수 있다.

4) 교육자치 제도 개선 방안 모색

1990년대 이후 가속화되고 있는 세계화 · 민주화 · 정보화의 문제는 21세기 지식기반사회에서의 행정 환경의 변화를 특징지우는 추세라 할 수 있다. 이러한 변화는 지방자치의 핵심 요소인 지방 분권화와 주민 참여욕구 증대에 커다란 영향을 미치고 있다. 지방교육자치제 운영의 개선 방안을 논의하는 데 있어서 고려되어야 할 기본 원칙은 우선, 교육자치제는 교육의 질 향상, 더 나아가 교육 발전을 기여할 수 있어야 한다는 점이다. 그리고 주민 참여 확대 등 주민 통제 원리가 보다 충분히 반영되는 방향으로 개선되어야 한다. 우리 나라 교육자치의 역사성 · 특수성을 반영하여 그 실현 가능성이 고려되어야 함은 물론이다. 다만, 지방교육자치제도 개선의 문제는 관계 부처, 관련 단체, 기관 간 의견이 첨예하게 대립되는 사안으로서, 단시일 내에 뚜렷한 합의점을 도출하기 어려운 상황인 점을 감안해야 한다. 새로운 제도의 구상은 발전적으로 하되 그 실시는 단계적으로 추진하는 것이 현명하다.

종래 교육위원회 개편과 관련하여서는 교육위원회를 폐지하고 시·도의회에서 교육·학예 사항을 의결하자는 의견과, 현재의 위임형 의결기관인 교육위원회를 독립형 의결기구로 개편하자는 의견 등이 여러 차례 검토된 바 있었으나, 이해집단의 반대로 논의가 계속 진행되고 있지 못하다. 현재와 같이 이원화된 의결 기구와 중복된 심의·의결 과정을 탈피하려면 의결 기구를 완전히 분리·독립시키거나 아니면 일원화시키는 방안 중 하나를 택할 수밖에 없다. 첫째 방안은 교육위원회를 독립형으로 하여 조례나 예산안까지도 교육위원회의 의결을 지방의회의 의결로 간주하게 하는 방안이다. 둘째는 지방의회의 분과위원회에서는 교육·학예에 관한 사항은 다루지 않게 하고 교육위원회가 의결한 사항을 바로 본회의에 상정하여 심의·의결케 하는 방안이다. 또한 일부에서는 현행 교육위원회를 시·도의회 내의 특수한 형태의 상임위원회로 통합·개편하고 주민 직선으로 선출하여 '지방의원'의 지위를 부여하자는 주장도 있다. 교육자치가 독립성만을 명분으로 삼아 타 행정 분야로부터 단절·소외된 채 자치를 위한 자치에 만족해서는 안 된다는 점에서 볼 때, 교육행정이 지방자치단체의 일반행정과 유기적인 협조 관계를 유지하면서 필요한 지원과 협력을 확보할 수 있는 형태로 연계 체제를 유지하고 필요하다면 교육위원회의 구성과 위상에 있어서도 그러한 점들이 반영되어야 할 것이다.

아울러, 교육위원 및 교육감 선출 방식에 있어서도 주민들의 참여욕구의 수준과 범위가 더욱 높아지는 자치 환경 변화를 고려할 때, 이제 우리 국민들의 민주적 자질과 식견에 비추어 선출 방식도 주민 직선제를 검토하고 논의할 시점에 와 있다고 생각된다. 교육위원은 물론 교육감도 주민 직선으로 선출하여 주민들의 교육에 대한 의견과 바람을 지방교육행정에 반영할 수 있도록 해야 한다는 주장도 설득력을 얻고 있다. 이는 주민들의 지방교육에 대한 관심과 지원 의욕을 높여 지방교육 재원을 확충하는 데도 도움이 될 것으로 기대되기 때문이다. 다만, 이러한 논의에 있어서는 관련 이해집단 간의 오해와 강한 반발 등 소모적인 논란을 야기할 수 있으므로, 관련 단체와의 유기적인 협력 방안을 강구하면서 향후 충분한 논의 과정을 거쳐 추진하는 것이 바람직하다.

기초 단위 교육자치 확대에서 핵심적인 사항은 그 단위 구역의 범위와 시 · 군 · 구 의회와의 관계를 어떻게 설정할 것인지에 대한 논의와 검토가 우선적으로 선행되어야 한다. 교육자치의 구역이 꼭 일반자치 구역과 일치할 필요는 없다고 본다. 물론 양자가 일치하는 경우에 편리한 점이 많지만 미국 등 선진국의 경우에도 기초단위의 교육자치구(school district)는 다양하게 설치되어 있다. 미국의 교육자치구는 자연발생적으로 구성하여 계속해서 자발적으로 통합해 온 역사를 가지고 있지만 그 관할 지역이나 지역 내의 학교 수, 학생 수 등이 현저하게 차이가 있으며 일반행정 자치구와 상관없이 설정 · 운영되고 있다. 우리의 경우에 광역 단위에서는 현재처럼 시 · 도의 행정구역과 교육행정구역을 일치시키는 것이 타당하다는 의견이 많다. 시 · 도는 시 · 군 · 구에 비해서 재정 자립도가 높고 교육행정과 일반행정과의 연계 필요성도 높은 편이다. 따라서 일반행정과 교육행정 사이에 긴밀한 업무 협조와 지원이 요망되므로 현행 자치 구역을 공유하는 것이 바람직하다는 것이다. 그러나 기초 단위까지 교육자치제를 확대하는 경우에는 구역을 광역화할 필요가 있다는 의견이 다수 제시되고 있다. 많은 농어촌 지역에서 이농현상으로 인해 초 · 중등학교들이 통폐합되는 상황임을 감안할 때, 시 · 군 단위마다 교육위원회와 교육청을 두는 것은 비효율적일 것이므로 몇 개 시 · 군 · 구를 묶는 광역 단위의 교육자치 구역을 설치하는 것이 합리적이라는 것이다. 광역 기초 단위 교육자치제를 실시하기 위한 세부 실시 단위는 향후 국가재정 재조정 방향과 중앙, 광역 및 기초 단위의 교육행정 기능 · 권한 체계의 재조정 방향 등 국가 통치 기구의 재편이라는 큰 관점에서 보다 구체적으로 논의되어야 할 것이다.

현행 체제 하에서도 교육자치와 일반자치, 이들 양자간의 연계는 보다 강화되어야 한다. 의결 기구의 경우에는 시 · 도의회 문교사회위원회와 교육위원회간에 협의체를 구성하여 이에 관한 사항을 협의 · 처리하는 방식을 정착시킬 필요가 있다. 그리고 집행기구의 경우에도 교육환경 개선을 위한 포괄적인 논의와 상호 유기적 협조 체제를 구축하고, 일반행정과 교육행정기관 간의 상호 효율적 업무 수행을 위해 교육감 및 시 · 도지사 소속 공무원으로 구성되는 '양자 협의회'의 설치 · 운영을 활성화하여야 한다. 아울러 교육정책 결정 과정에 주민들의 의사가 직접 반영될 수 있도록, 주민 감사 청구제와 주민 조례 개 · 폐 청구제 등을 도입할 필요가 있다. 그리고 진정한 의미의 교육자치가 이루어지기 위해서는 자치의 단위가 광역 단위에서 기초 단위로 이동하여야 한다. 예컨대, 고교 평준화 제도 시행 여부, 학교 기부금 제도 시행 여부 등 주요 교육정책안에 대해서 단순히 설문조사가 아니라 주민투표(referendum) 등을 통해 직접 참여하는 방식을 제도화할 필요가 있다고 본다.

일반행정과 교육행정의 분리 또는 통합 논의에 대해서는 정부부처 내에서도 그 추진 방향에 대해 이견이 많으며, 실제 우리 나라 지방교육자치제도의 연혁을 보더라도 교육의 자주성 · 전문성 · 정치적 중립성에 대한 제도적 보장 요구와 지방행정의 효율성 또는 주민 통제 원리의 강화 요구에 대한 상호 연계나 조화의 정도에 따라 지방교육자치제도의 형태가 마련되었다고 해도 과언이 아닐 것이다. 따라서 향후 지방교육자치제도는 수직적 · 수평적 분권이라는 이념적 양면성을 신중하게 검토하는 한편 앞에서 논의된 문제점을 보완하고, 현장에서의 교육이 제대로 이루어질 수 있도록 여건을 조성해 주는 방향으로 이루어져야 할 것이다. 또한 교육과 지역사회와의 연계를 강화함으로써 교육을 위한 지방자치단체의 잠재적 역량을 최대한 효과적으로 활용할 수 있는 제도 개선 방안을 강구할 필요가 있다. 다만, 새로운 제도를 형성·정착시켜 나가는 과정에서, 새로운 제도의 구상은 발전적으로 하되 그 실시는 새 제도를 도입할 때 예상되는 시행착오를 최대한 줄이기 위하여 단계적으로 실시하여야 할 것이다.

참여정부는 지난 2003년 7월 교육자치 개선을 지방 분권 로드맵의 주요 추진 과제로 선정한 바 있고, 이에 따라 2010년까지 교육위원회를 시·도의회로 통합하고 교육감·교육위원을 주민 직선제로 선출하는 것을 주요 골자로 한 법률개정안을 2005년 5월 국회에 발의하였으나, 여야 미합의로 2006년 9월 현재 계속 국회에 계류 중이다.

제 2 장

교육을 둘러싼 주요 갈등 사례

인간은 교육을 통하지 않고는 인간이 될 수 없는 유일한 존재다.

– 칸트

1. 고교 평준화 논쟁

1) 평준화 정책 현황

고등학교 평준화 정책은 처음 도입될 당시부터 찬·반 논의가 팽팽하였으며, 오늘날까지도 그 논란은 끊이지 않고 있다. 아마 우리 나라 교육정책 역사상 유례를 찾기 어려울 정도로 오랜 기간 그 틀을 유지하면서 시행해 온 보기 드문 사례라 할 수 있다. 그러나 최근 들어 경제계를 중심으로 평준화 폐지나 대폭 보완을 강하게 주장하면서 평준화를 둘러싼 사회적 논란은 거의 해마다 반복되고 있다.

1970년대 중반에 고교 입시 과열로 인한 문제를 해결하기 위한 방안으로 실시된 고등학교 평준화 정책은 1974년 서울과 부산을 시작으로, 그 이듬해에 대구, 인천, 광주를 거쳐 1981년에는 21개 도시 지역으로 확대 시행되었다. 그 중 일부 지역에서는 평준화 정책을 폐지하였다가 다시 환원하기도 하는 등 우여곡절을 거쳐 2006년 현재 27개 지역에서 실시되고 있다. 평준화 정책을 추진하면서 고등학교 교육 여건의 평준화를 위해 1974년부터 학교 시설의 정비·보완, 교원의 자질 향상을 위한 연수 프로그램 실시, 교원 처우 개선, 사학 지원 등을 추진하였다. 또한 평준화 정책의 시행에 따르는 문제점을 시정하기 위해 교육 제도의 다양화를 추진하여 특수목적고등학교, 특성화고등학교, 자율학교, 자립형 사립고등학교 등의 다양한 고등학교들이 설치·운영되고 있다.

현재 고교 평준화는 7개 특별·광역시와 6개 도의 27개(市) 지역에서 시행하고 있으며, 인문계 고교의 54.5%, 학생 수의 70.5%를 수용하고 있다. 지난 30년간 시행하여 온 고교 평준화 정책은 중학교 교육의 정상화, 과열 과외 완화 및 고입 재수생 문제의 해소, 고교 학벌주의 극복 및 학교간 격차 완화, 청소년의 인성교육 등 전인적 발달에 크게 기여한 반면, 이질 집단 학급 편성으로 인한 교수－학습의 어려움, 학력 하향 평준화, 학생·학부모의 학교 선택권 제한 및 사립학교 운영의 자율권 위축 등의 문제점이 지적되어 왔다. 고교 평준화 정책은 본인의 희망과 통학 거리 등을 감안하여 학생들을 고교에 추첨·배정하는 방식으로 운영되어 왔기 때문에, 지역별로 학교간 경제적·문화적 격차를 줄이는 역할을 해 왔다. 그 동안의 평준화 노력이 고교의 학벌을 타파하고 교육 평등의 기회를 확대했다는 긍정적인 성과가 있음에도 불구하고, 학교 선택권을 제한하고 능력 차이가 있는 학생들을 한 학급에서 함께 공부하게 함으로써 수월성 교육을 어렵게 한다는 우려가 제기되고 있는 것도 사실이다. 그러나 더 큰 문제는 지금까지 고교 평준화의 틀 내에서 교육과정의 역동성을 갖추려는 노력이 부족했다는 점이다. 수준별 이동 수업의 확대나 선지원 후추첨 제도 도입 등이 보다 내실화되어야 하는 이유이기도 하다.

2) 평준화를 둘러싼 주요 논쟁

고교 평준화 폐지론자들은 과열 과외 및 사교육비 증가 현상은 현행 고교 평준화로 인해 학교교육에 만족하지 못한 수요자들의 학원 등 사교육 의존 현상으로 진단하고 있다. 과외 증가와 같은 교육 문제는 고교 평준화로 인한 학교교육의 획일화와 질적 수준의 하락이 주된 원인이므로, 과열 과외 예방을 목표로 한 고교 평준화는 실패한 정책이라고 주장한다.

이러한 주장에 대해, 평준화 유지론자들은 과열 과외 현상은 평준화 실시에 따른 결과라기보다는 일부 학부모의 '학력·학벌주의' 교육관에 따른 지나치게 과열된 사회 현상이며, 고교 평준화 폐지 시 과거와 같은 중3병 문제와 중학교 입시 지옥 등 과열 입시 과외의 확대가 불가피하다고 보고 있다. 또한 과열 과외는 규제적 고입 선발 제도에 따른 공교육 불만족에 그 원인이 있다고 하기보다는 대학입시 제도의 유·불리 등 대학 진학과의 연관성에서 그 원인을 찾아야 한다고 주장한다.

즉 평준화 제도 개선을 논의함에 있어 대학입시를 우리 교육 문제의 종착점으로 여겨온 이러한 한국적 현실을 외면하는 것은 정부 정책의 실패(government-failure)를 의도하지 않게 초래할 수 있다는 것이다.[19] 아울러, 평준화 제도의 변경에 관한 정책 논의는 정책의 결과에 대한 '사회적 수용성'을 높이는 문제를 포함해야 한다고 한다. 평준화 폐지를 검토하기에 앞서 평준화 폐지 시 정책 변경의 수혜자와 비용 부담자를 분명히 하고, 이에 따른 사회·경제적 보상 대책이 선행되어야 한다는 주장이다.

정리해서 말하면, '시장에서의 선택' 논리는 보상의 기제로나 설득의 근거로서는 한계가 있으며, '평준화 정책의 보완'이라는 과제는 '평준화 정책 보완 결과에 대한 보완'을 포함하여야 한다는 것이다.

두 번째로, 고교 평준화 폐지론자들은 평준화로 인해 학급이 이질적 집단으로 구성되어 우수 학생에 대한 효율적인 교수-학습이 곤란하고, 학습 동기가 저하되는 등 학력의 하향 평준화와 수월성 교육의 장애가 불가피하다고 본다. 이러한 고교 평준화 정책은 지나친 규제이자, 일종의 '쇄국 정책'으로 교육의 국제 경쟁력을 크게 약화시키고 있다는 주장이다.

이에 대해 평준화 유지론자들은 고등학생의 학력 저하 가능성에 대한 논란이 일부 있으나, 최근 들어 OECD에서 발표한 연구 결과에 따르면,

---

19) 영국의 사회학자 로널드 도어는 태어날 당시 이미 계급을 부여받는 영국인과 달리 계급 없이 태어난 일본인이 대학입시를 통해 비로소 새로운 계급을 부여받는다는 의미에서 우리와 유사한 일본의 대학입시 제도를 「사회적 재탄생(Social Rebirth)」으로 묘사하였다(Ronald P. Dore, The diploma disease, 1976).

우리 나라 15세 학생들의 전반적인 학업 성취도는 다른 나라에 비해 매우 높은 것으로 나타난다는 것이다.[20] 그리고 오늘날은 단순 지식에서 창의력 · 문제해결 능력이 보다 중시되므로 교육 운영에 있어서도 수월성 제고가 단순히 학교간 경쟁 선발에 의한 동질 집단에서만 가능하다고 할 수 없으며, 고교 평준화 제도의 이질 집단 내에서도 학생 수준별 교육과정 운영 및 이동식 수업 등을 통해 개인별 수월성 제고가 가능하다고 주장한다. 이와 함께 고교 평준화 해제 시 입시 위주의 지나친 과열 과외 등으로 교육의 국제 경쟁력을 오히려 약화시킬 수 있다고 본다. 또한 그들은 덧붙여 지난 수십 년 동안 세계은행과 IMF가 제3세계에 대하여 국가 경쟁력 강화를 위해 권고한 "공교육 체제에 대한 교육 투자를 줄이고, 사학을 육성하거나 민간자본을 동원하여 교육의 질을 유지" 하려는 교육정책 전략이 실패로 판명되었다는 것을 근거로 든다.[21]

세 번째로, 고교 평준화 폐지론자들은 평준화는 공 · 사립 구분 없이 무시험 임의 배정에 의한 학생 선발 방식으로 학생의 학교 선택 기회를 제한하고, 사학의 자율권을 침해하고 있다고 본다. 따라서 현행 평준화 정책 대상 중 최소한 사립학교에 대해서는 학생 선발권 등 사학 운영의 본질 회복이 필요하다는 것이다. 그리고 사학의 자율화로 절감된 예산을 공립학교 예산으로 활용한다면, 공립학교 교육 여건을 크게 높일 수 있다고 주장한다.

이에 대해 평준화 유지론자들은 사학 비중이 큰 우리의 경우, 모든 사학에 학생 선발권을 보장할 경우 평준화 제도의 실질적인 폐지로 이어져 과열 입시 경쟁이 불가피해질 것으로 우려한다. 즉 현재 사학 비중이

20) OECD 발표자료 "학업성취도 국제비교평가(PISA 2001 및 PISA 2003) 자료 참조.

21) "UNESCO 자료(에쿠아도르 : 1993), Paulino 연구(도미니카 : 1994), Arnove 연구(남미 : 1996) 등.

큰 우리의 경우, 사학이 전부 자율화되면 학부모의 납입금 등 부담액이 현재보다 2～3배 인상이 불가피하다는 것이다. 국민들에게 균등한 교육 기회 제공을 위해서는 공립학교의 추가 신설이 뒤따라야 하며 부지 매입, 학교 신설비, 인건비 및 운영비 등에 엄청난 비용이 소요되므로 사학 자율화로 절감된 예산을 공립학교에 재투자하자는 주장은 학부모의 실질적인 부담 증가로 이어진다는 점에서 국가의 교육 책임 회피 또는 전가에 불과하다고 주장한다.

네 번째로, 고교 평준화 폐지론자들은 평준화 정책으로 인해 학교 상호간에 현실적으로 존재하는 학력 차이를 인정하지 않고, 이에 대한 관련 학교 정보도 제공하지 않음에 따라 과학고 등 우수 인력이 대학 진학시에 내신 등에서 상대적 불평등이 발생하고 있다고 주장한다. 다시 말해 학교간 학력 차이를 솔직히 인정하고 이를 비교 내신 등의 형태로 대학입시에 반영하여 학교 운영의 실질적인 다양성을 보장해야 한다고 말한다.

이에 대해 평준화 유지론자들은 대학에 진학하는 것은 고등학교가 아닌 학생인데, '학교간 학력 차'를 마치 '학교간 개인 차'로 오해하여 이를 대학입시에서 고교등급제의 정당한 근거로 삼는 것은 논리적으로도 오류를 범한 것으로 주장한다. 그리고 학교간 학력차이를 정부가 인정하게 되면 수직적인 학교 서열화가 고착되는 문제가 발생하게 되고 명문고 입시 등 과열 과외 우려, 대도시로의 인구 집중 및 도·농간 지역 격차 발생이 우려된다고 말한다. 또한, 비교 내신 적용 대상교를 선정할 명확하고 객관적인 기준 설정도 곤란하다는 것이다.

고교 평준화를 둘러싼 우리 사회의 논쟁은 매우 치열하다. 지금까지 정부의 입장은 고교 평준화의 근간을 유지하면서 이를 보완하자는 입장이었다. 그러나 다른 한편에서는 평준화 정책의 근본적인 폐지를 요구하는 목소리도 만만치 않으며, 특히 경제계에서 그러한 목소리가 높다고 여겨진다. 그렇다고 해서 우리 나라 교육 문제의 원인을 모두 평준화 탓으로만 돌리는 것은 문제의 궁극적인 해결에 도움이 되지 않는다.

실제로 현재 국민의 70% 이상이 아직도 평준화 정책을 선호하고 있는 실정을 간과해서는 안 된다. 지역 간·학교 간에 학력 격차가 심화된 것은 고교 평준화 때문이라기보다는 사교육에 투자 능력이 월등히 높은 계층들이 특정 지역에서 사교육의 효과를 보아 왔기 때문으로 생각된다. 이러한 사교육이야말로 우리 사회에서 상대적 박탈감을 느끼게 하고 공교육에 왜곡 현상을 불러오는 주된 요인인 것이다. 참여정부가 역점을 두고 2004년 2월 17일 EBS 수능강의 도입을 골자로 한 사교육비 경감 대책을 발표한 것도 결국 사교육을 받을 능력이 곧 대입 능력으로 나타나는 것을 사전에 차단하기 위해서였다.

3) 고교 평준화 정책의 방향

고교 평준화 정책은 그 성과에 불구하고, 이 제도가 지니고 있는 문제점을 적극 보완하지 않는다면 교육 수요자의 불만이 엄청나게 증가될 것이며, 이는 곧 공교육 전반에 대한 불신으로 확산될 것이다. 평준화에 대하여 일반적으로 제기되는 문제 중에는 타당성이 있는 경우도 있으나 일부는 제대로 검증되지 않거나 비논리적인 것도 있다. 학력 하향 평준화, 사교육 심화, 사회계층 공고화 등을 지적한 평준화 폐지론자의 비판 중에는 다소 과장 또는 비약된 점이 일부 나타난다. 고교 평준화는 분명히 여러 가지 중요한 문제점을 지니고 있으나 그 문제점을 정확하게 진단하지 않고 근거 없는 논리나 추측을 통해 문제의 본질을 왜곡하고 잘못된 문제 진단에 따른 처방을 제시하거나 요구하는 것은 피해야 한다.

고교 평준화 정책과 관련한 헌법재판소 판례에서도 "과열된 입시 경쟁 예방이라는 입법 목적 달성 방안으로 여러 보완책이 마련되어 있으므로, 헌법 정신에 위배되지 않는다"고 결정한 바 있다.[22)]

우리가 과거 경험을 통해 분명히 인식하고 있는 것은, 성적만으로 학교와 학생을 분리하는 경쟁 입시제도로는 우리의 교육 문제를 해결할 수 없다는 것이다. 지금은 학교 서열화를 통한 갈등적 경쟁이 아니라, 능력별·수준별 교육과정 운영 등 학교 내에서의 다양한 교과활동을 통해 공교육 내실화 노력을 차근차근 추진해 나가야 한다. 교육 발전 단계를 취학률을 기준으로 볼 때, 15% 이하는 엘리트 단계, 50% 이하는 대중적 단계, 50% 이상은 보편적 단계로 나눌 수 있다. 지금 한국은 보편적 단계에서도 말기 수준이다. 성공 스토리에만 집착하여 과거 기성 세대가 학교를 다녔던 60년대 엘리트 단계에 눈높이를 맞추어 현재의 우리 교육 문제를 진단하고 처방하는 것은 적절하지 않다. 그렇다고 교육정책을 고려할 때 교육의 수월성을 생각하지 않는 것은 아니다. 평준화의 틀을 지키되 문제점을 보완·개선하라는 것이다. 현재 교육현장에서 학교마다 창의적으로 조직화되어 확대·실시되고 있는 수준별 이동 수업도 그 한 예이며, 앞으로 Tracking으로 발전시켜 수월성과 연계시킨다면 좋은 효과를 기대해 볼 수 있다.

평준화 폐지론자에 따르면, 치열한 세계 경쟁에서 이기기 위해서는 우수한 인재를 조기 발굴해서 키워야 하며, 이는 선택권 확대와 경쟁을 통해서만 가능하다는 입장이다. 이들에 따르면, 현재의 고교 평준화 체제는 학력의 하향 평준화, 공교육 황폐화의 주된 원인이 된다.

그러나 우리 나라처럼 대입 경쟁이 치열한 나라에서 대중 교육인 고등학교 진학에서부터 경쟁 원리를 도입하게 되면 자칫 입시 준비 때문에

22) 헌법재판소 판결(헌재 '95. 2. 23 : 91헌마 204) 참조.

중학교의 정상적 교육과정이 무너지고, 청소년들의 심신 건강도 크게 훼손될 것이 불을 보듯 뻔하다. 또한 진보 진영의 치열한 저항을 직접 언급하지 않더라도 우리 사회 내의 교육을 바라보는 보편적 대중 인식을 감안할 때, 평준화 폐지는 현실적으로 그리 쉽게 이루어질 일이 아니다. 따라서 평준화를 폐지하기보다는 내적 다양화·특성화를 통하여 체제의 역동성과 경쟁력을 높이고, 아울러 여기에 교육의 수월성을 추구할 수 있도록 다음과 같이 관련 제도를 보완해 나가는 것이 필요하다고 본다.

우선, 학생의 수준에 맞춘 수준별 이동 수업의 확대를 지속적으로 추진해야 한다. 중학교 1학년부터 고등학교 1학년까지 수학·영어 교과에 대한 수준별 이동 수업을 확대하고 국어·사회·과학 교과는 학급 내 수준별 분단 학습을 보다 강화해야 한다. 둘째, 학교 선택권을 보다 확대할 필요가 있다. 학교별로 교육과정을 특성화하고 '학교군별 선지원 후추첨 배정 제도'를 확대하여 학생의 소질·적성에 따른 학교 선택 기회를 가능한 확대하여야 한다. 셋째, 고등학교 체제의 다양화·특성화·자율화를 보다 확대하여야 한다. 다양한 형태의 학교 설립과 전환을 통해 교육 욕구를 수용하고, 탄력적 학사 운영을 위한 자율학교 정책을 점차 확대할 필요가 있다. 넷째, 특목고를 설립 취지에 맞게 운영하도록 유도해야 한다. 설립 목적에 부합하지 않는 과정 설치를 제한하고, 교과 중심이 아닌 해당 분야에 소질이 있는 우수한 인재가 선발될 수 있도록 특목고 입학 전형 방법을 지도해 나가야 한다.

한편, 현재 시범운영 중인 자립형 사립고는 2010년까지 시범운영한 결과를 평가하여, 제도의 정당성, 지속 가능성, 사학의 자율 및 책임의 한계 등을 고려하되 제도 도입 여부를 긍정적으로 수용할 필요가 있다. 그리고 소외계층의 교육 기회 보장을 위한 교육복지 정책을 강화하여 교육을 통한 사회 이동(social mobility)을 다시 가능케 하여 사회 통합 및 인적자원 개발을 동시에 추구해 나가야 할 것이다.

2. 대학 입시 정책을 둘러싼 갈등

1) 학교 간 학력 격차와 고교등급제 논란

정부는 지난 2004년 10월 28일 대학수학능력시험을 점수 표시 없는 9등급제로 바꾸고, 내신성적을 9단계의 석차 등급과 과목별 원점수를 표시하는 상대평가 방식으로 전환하는 등 수능의 비중을 다소 줄이고 학교 내신의 비중을 확대하는 것을 골자로 한 2008학년도 대입 개선안을 발표하였다. 교육부는 2004년 8월 26일 2008 대입 전형 개선안 시안을 발표한 이후 2개월여 동안 공청회와 당정 협의, 그리고 청와대 및 총리실과의 정책 조율 등을 거치게 된다.

당시 가장 논란이 됐던 부분은 등급제로 전환이 결정된 수능시험과 학교 내신성적에 있어서 1등급 비율을 어떻게 정하는지 여부였다. 이에 대해 열린우리당은 고교 간 과열 성적 경쟁 예방을 위해 1등급 비율을 당초 정부안에서 제시한 학생 전체 대비 4%에서 7%로의 확대를 강하게 주장하였으나, 당시 안병영 부총리가 학교 내신의 변별력으로 대학측을 설득할 수 있는 마지노선으로 제시한 당초 정부안인 4%로 최종 결정되게 된다. 이러한 새 대입제도안이 나오게 된 배경은 2004년 한 해 동안 우리 사회를 뜨겁게 달구었던 일부 대학들의 고교등급제 적용 및 고등학교 성적 부풀리기 논란과 무관치 않다.

교육부가 2004년 8월 26일 2008 대입제도 시안을 처음 발표한 이후 불거지기 시작한 고교등급제 논란은 당시 9월 9일 국회 교육위원회 이주호 의원의 '지역 및 학교별 학업성취도 격차' 분석 자료가 나오면서 일파만파로 확산되었다. “표집 비율이 1%에 불과해 신뢰성과 대표성이 없다”는 정부와 열린우리당의 적극적인 해명과 관계 없이 서울 강남과 강북, 서울과 지방의 학력 차이가 크다는 이 의원의 분석 자료는 학교는 평준화되었어도 학력은 평준화되지 못했으므로 고교 평준화 정책이 결과적으로 실패한 것이 아니냐는 주장의 근거로 사용될 수 있었다. 이 자료는 결국 내신을 중시한 2008학년도 새 입시제도에 큰 상처를 입힐 수 있는 것이어서 당시 사회적 관심을 끌기에 충분했다.

이 문제는 곧이어 전교조가 서울 명문 사립대가 수시 1학기 모집에서 고교등급제를 시행했다고 폭로하면서 교육계 뿐만 아니라 정치권에서도 격한 논쟁에 휩싸이게 된다. 명문대학 진학률을 근거로 고교의 순위를 매겨 면접 시 가산점을 주는 방법 등으로 대입 전형에 반영하는 고교등급제 논란에 대해서 온 나라가 들썩거렸다. 학생 개인의 능력이 배제된 채 학교간 격차나 선배들의 실적으로 대학입시의 당락이 결정되는 것은 일종의 교육 연좌제이며 일부 대학이 특목고생 등 우수 학생을 독식하려는 의도라는 비판이 쏟아졌다. 다른 한쪽에서는 “고교 특성과 학교 간에 실제 존재하는 학력 격차를 반영하지 않을 정도로 학력이 평준화됐다고 보는가”라고 반론을 제기하는 등 고교등급제 논란은 이제 계층간 이념적 갈등 양상으로 확대되어 갔다.

결국 교육부는 2004년 9월 20일부터 보름간 교원단체와 시민단체로부터 고교등급제를 적용했다는 의혹이 제기된 고려대, 서강대, 성균관대, 연세대, 이화여대, 한양대 등 6개 대학에 대해 실태조사를 실시하여 고려대와 연세대, 이화여대 등 3개 대학이 수시모집 학생 선발 과정에서 학교생활기록부 반영 또는 서류평가 시 고교 간 차이를 반영한 것을 확인하고, 2004년 10월 8일 이들 3개 대학에 대해서 행·재정상 제재 조치를 발표하게 된다.

고교 학교생활기록부가 대학의 신뢰도를 얻지 못하면 정부가 아무리 내신 위주의 입시 정책을 발표하고 고교등급제 불가 원칙을 밝히고 제재를 가한다 해도 주요 대학들이 변칙으로 우수 학생을 뽑는 악순환은 언제든 다시 반복될 수 있다는 사실을 다시 확인한 셈이다.

2) '죽음의 트라이앵글' 논란

학생 선발의 자율권 확대를 요구하는 대학측과 고교 교육의 정상화를 요구하는 교원·학부모단체의 요구 속에서 새로 발표된 2008 대입제도에 대해 실제 국민적 기대도 적지 않았다. 그러나 대학별 논술고사가 논술형 본고사로 변질될 수 있다는 비판과 함께 상대평가로 바뀐 고교 내신으로 인해 학생들의 입시 부담이 가중되었다는 주장도 꾸준히 제기되었다.

이러한 논란 과정에서 지난 2005년 5월 7일 상대평가를 통한 내신 위주 대학입시제도에 반대하는 고교생들의 촛불집회가 열렸다. 관계부처 대책회의가 열릴 정도로 정부는 긴장했다. 고교생이 직접 자신들의 이슈를 갖고 거리로 나선 것은 4.19의거 이후 사실상 처음 있는 일이었다. 김진표 당시 교육부총리도 직접 기자브리핑을 자처해 고교생 촛불집회를 자제해 줄 것을 당부했다. 수천 명 이상의 고교생들이 집결할 지도 모른다는 교육당국의 당초 우려와는 달리 정작 학생은 400명만이 모이고, 현장에 배치되어 있던 경찰이 1000명, 교사가 700명 등이었다.

당초 촛불집회의 내용은 2008학년 바뀐 입시제도에 스트레스를 받고 자살한 학생들을 추모하기 위함이었다. 여기서 몇몇 학생들이 내신등급제에 대한 불만을 터트렸고 이리저리 퍼져서 내신등급제 반대에 대한 촛불시위와 자살한 학생들 추모 촛불집회가 함께 열린 것이다. 고교생의 촛불집회가 예상보다 크게 확대되지는 않았지만 바뀐 대입제도에 대한 불만은 여전히 잠재되어 있었다.

2006년 3월 인터넷에서 급속히 퍼진 네티즌 자작 영상물인 '죽음의 트라이앵글 – 누가 우리를 미치게 만드는가'라는 동영상은 우리 입시제도의 어두운 단면을 적나라하게 꼬집으면서 입시 논란이 또다시 불붙기 시작했다. 동영상은 '공교육 붕괴'라는 충격적인 문구와 함께 교복 차림의 학생이 목을 멘 장면이 그 동안 대중매체를 통해 보도된 수험생의 자살 영상과 더불어 변덕스러운 입시제도의 최대 희생양이 학생임을 주장하고 있다. 동영상을 제작한 네티즌은 정부가 내세운 2008학년도 대입제도의 '상대평가식 내신 등급제'가 정부 의지와 달리 '내신'은 물론 수능, 논술(대학별 고사) 등 세 가지 모두를 신경써야 하는 현재의 89년생 자신들에게 '최악의 삼각형'으로 다가온다고 빗대고 있다. 이 동영상은 시간이 지날수록 급속도로 퍼졌다. 결국 정부가 직접 나서서 2008학년도 대학입시의 정당성을 언론과 국민들에게 적극적으로 설득하고 나서야 논쟁은 가라앉았지만 불씨는 여전히 남아 있다.

3) 3불(不) 정책과 법제화 논란

3불(不) 정책이란 현재 정부가 대학입시와 관련하여 규제하고 있는 본고사 시행과 기여입학제, 고교등급제를 금지하는 것을 말한다. 본고사를 금지하는 이유는 과도한 학습 부담을 줄이고 사교육의 폐해를 줄이기 위해서이며, 기여입학제와 고교등급제 역시 사회적인 위화감 조성, 고교 서열화 및 중학교 단계에서의 과열 입시 경쟁 조장 등으로 인해 금지되고 있다.

참여정부가 들어서면서 3불 정책의 완화를 주장하는 경제계와 한나라당의 주장에 대해 노무현 대통령은 기회가 있을 때마다 "최고를 뽑는 기술을 가진 대학이 아니라 최고로 잘 가르치는 대학이 돼야 한다"며 '3불 정책' 고수의 입장을 분명히 해 왔다. '3불 정책'은 오랜 시행착오를 거쳐 사실상 국민적 합의가 이뤄진 사항이고, 따라서 이를 완화하는 것 또한 국민적 합의가 형성되어야 가능하다는 것이다.

이 말에는 대학의 자율성은 무제한의 자율이 아니며, 대학이 갖는 사회적 책무성이라는 측면에서 사회 통합이나 고교 교육의 정상화를 저해하지 않는 범위에서만 그 의미가 있다는 것을 사실상 전제하고 있다. 대학의 학생 선발 방식이 교육과 우리 사회에 미치는 영향이 매우 크다는 현실적 상황을 감안한 것이다.

연세대, 고려대, 이화여대 등 주요 사립대학이 2005학년도 수시 1학기 입시에서 고교등급제를 적용해 업무를 방해했다는 혐의로 고발된 것에 대해 지난 2006년 3월 검찰이 무혐의 처분을 내리자 고교등급제, 기여입학제, 본고사를 금지한 이른 바 '3불 정책'에 대한 논란이 또 다시 뜨거운 사회적 쟁점이 됐다.

당시 교육부는 '검찰의 무혐의 처분이 대학의 고교등급제 실시가 업무방해에 해당하는지 여부에 대한 형법적 판단일 뿐이며, 3불 정책이 무효화되는 것은 아니므로 3불 정책 위반 대학에 대한 행·재정적 제재는 유지될 것"이라고 밝혔다. 정부의 3불 정책 가운데 본고사 금지의 경우 법령(대통령령)인 고등교육법시행령에 논술고사 외 필답고사를 보지 못하도록 명시돼 있으며, 기여입학제는 모든 사람은 능력에 따라 균등한 교육을 받을 권리를 보장한 헌법과 교육기본법에 위배되는 것으로 간접적이나마 법적 근거를 찾을 수 있다.

하지만 고교등급제 금지는 법에 규정돼 있지 않고 '대입전형기본계획' 최소 기준에 단지 업무 지침의 성격을 지닌 고시(告示)로 규정돼 있다.

따라서 이를 위반하면 시정 조치토록 명령하고 받아들여지지 않으면 행·재정 제재를 가할 수 있지만 법적 구속력은 없는 실정이다. 검찰의 무혐의 처리 결정도 학생 선발의 재량권이 대학에 있는 만큼 고교등급제를 자세히 알리지 않았다고 해서 위법이 있었다고 볼 수 없고 행정적인 제재는 가능할지 모르지만 별도의 입법이 없는 한 업무방해죄 적용은 어렵다는 판단에 따른 것이다.

이로 인해 열린우리당과 민주노동당은 고교등급제 금지를 고등교육법이나 고등교육법시행령에 명시하려 했지만 "학생 선발의 자율성을 침해하는 조치"라는 한나라당과 대학들의 반발에 밀려 실제 입법이 이뤄지지는 못했다. 김진표 당시 교육부총리도 2006년 3월 13일 2008대입제도 관련 출입기자단과의 워크숍에서 "대입제도를 법으로 묶어 강요하는 것은 옳은 선택이 아니고 획일적인 제도를 만들면 엄청난 부작용이 있다"며 3불 정책을 법제화하지 않고 대신 지원 예산 삭감, 정원 감축 등 행·재정적 제재만을 통해 실효성을 확보하겠다는 입장을 분명히 한 바 있다.

어쨌든 3불 정책 논란에 대해 대학들은 못마땅하지만 따를 수밖에 없었고, 3불 정책의 규제를 피해서 우수 학생을 선발하려는 대학들이 '통합교과형 논술고사'를 도입하게 됨으로써 또 다른 3불 논쟁의 불씨는 남아 있다.

3. 사립학교법 개정 논란

1) 사립학교 정책의 패러다임

공립학교가 주로 평등과 사회 통합의 실현을 주요 목적으로 하는 반면,

사립학교는 수월성과 다양성을 지향하며 독자적인 학교 운영 체제를 통해 다양하고 자율적인 교육 가치의 구현에 중점을 둔다. 우리의 중등교육은 과거 국가 재정의 취약성으로 인해 비중 면에서 사학에 크게 의존하여 국민의 교육 기회를 양적으로 확대하는 데 지대한 공헌을 해 왔으나, 학교 운영과 특성 면에서 공립학교와 거의 구별 없이 국가 교육 관리 체제 하에 함께 관리되어 있다.[23] 과거 해방 전후 초·중등학교를 설립한 학교법인은 수익률이 낮은 토지 재산을 기본으로 하여 출발한 것이 대부분이었다. 학교 수익용 기본 재산의 규모가 그리 크지 않아서 법인의 재정 능력도 영세할 뿐만 아니라 수십 년 간의 국가 의존으로 인해 교육 환경이 공립학교에 비해 상대적으로 열세였다는 점을 부인하기가 어렵다.

사립학교는 독자적 건학 이념의 실현을 위해 학교법인이 학교 운영에 필요한 재산을 출연하여 설립·경영하는 학교로서, 학교 경영에 필요한 재원 확보의 일차적 책임은 설립·경영자인 학교법인에 있다. 그러나 지난 1969년 중학교 무시험 진학제 실시와 1974년 고등학교 평준화제도 실시에 따라 사립 중·고등학교의 경우 등록금을 국가에서 공립학교 수준으로 규제하게 되자 등록금 결손액 보전 차원에서 사립학교 교직원 인건비와 운영비 지원 명목으로 사립학교 재정 지원이 시작되었다. 현재 사립학교법에서는 사립학교의 시설·설비 확보를 비롯한 재정 부담의 책임을 일차적으로 학교를 설치·경영하는 자로 선언적 차원에서 규정하고 있지만, 하위 법령에서는 재정 책임을 상당 부분 완화하거나 면제해 주고 있다. 이에 따라 현재 사립 초등학교를 제외한 사립 중·고등학교에 대해서는 공·사립간 교육의 기회 균등 차원에서 교직원 인건비와 운영

23) 2004. 4월 통계 기준으로 중학교의 25%, 고등학교의 48%를 사립학교가 차지하고 있다.

비의 부족분을 전액 국가에서 보조하고 있다.

최근 들어 정부에서는 사립학교에 대한 재정 지원을 지속적으로 확대하면서도 사립학교 운영과 관련한 규제를 완화하는 정책을 시도하고 있다. 하지만, 이러한 노력과는 달리 사립학교 공공성과 자율성의 문제는 종종 교육을 둘러싼 진보와 보수라는 이념논쟁으로 비화되곤 한다. 이 과정에서 교육 문제에 대한 심도있는 대화와 문제 해결보다는 오히려 관련 이해집단 간의 갈등만 심화시키는 경우가 많았다. 특히, 교원 노동조합의 합법화와 사립학교 내에 학교운영위원회를 의무적으로 구성토록 조치한 이후 사립학교와 학교법인 운영과 관련하여 학내 갈등이 표면화되었고, 심한 경우에는 학교 분규로 나타나기도 하였다.

사립학교 학내 분규의 경우는 대부분 회계 부정이나 부당한 교원 임용, 그리고 학사 운영을 둘러싼 학교 경영진과 교사와의 갈등 등으로 인해 발생하고 있다. 이 과정에서 학내 구성원은 학교법인에 반발하여 관할 감독청으로 하여금 임시이사 파견을 요구하는 경우도 빈번했다. 그러나 종래 사립학교법에 의하면 학생 소요나 교직원 소요 등 분규 발생만으로는 사립학교에 대한 임원 승인 취소 및 임시이사 파견이 엄격히 제한되어 있었으나 2005년 12월 열린우리당 주도로 국회에서 통과된 개정안에 따라 '임원 간의 분쟁 · 회계 부정 및 현저한 부당행위 등으로 당해 학교 운영에 중대한 장애를 야기한 때'에도 관할청이 임원 취임을 취소할 수 있도록 하였다.

현재, 사립학교에 대한 기본적인 국가 정책 패러다임은 학교법인의 자율적인 학교 운영을 원칙으로 하고 있다. 다만, 교육정책상 큰 틀에서 조정이 필요한 교육과정 검 · 인정, 학생 배정, 수업료 조정, 사립학교 교원 신분 보장은 법령에 이를 규정하여 사립학교에 대해 법령에서 정한 대로 운영해 줄 것을 요구하고 있다.

현재 우리 대한민국은 동북아 시대를 선도하는 중추적인 중심 국가로의 도약을 꿈꾸고 있다. 특히, 교육과 인적자원 개발이 그 문제 해결의 핵심에 있다는 것을 아무도 부인하지 못할 것이다. 공립학교와 사립학교의 역할 재정립 문제가 사립학교법 재개정 논의에 앞서서 필요하다는 생각이다. 그래야 사립학교에 대한 시대적 역할과 임무를 새로이 부여할 수 있을 것이며, 그에 따른 자율과 규제도 사회적 합의를 이룰 수 있기 때문이다. 국가는 사립학교의 교원, 학생 선발, 교육과정, 운영 방식, 사학분쟁 조정 등에 가급적 직접 간섭함이 없이 교육 시장(education market) 창설 및 조정 기능만을 담당해야 한다. 이를 위해서 초·중등 보통교육과 대학교육에 있어서의 국가 사학 정책은 그 방향을 서로 달리 하여야 한다. 먼저, 중등 사립학교는 의무교육의 점진적 확대 추진과 보조를 같이 하여 전체 중·고등학교에서 차지하고 있는 사립학교의 비중을 30% 이하로 낮추는 구조 조정이 필요하다고 본다. 아울러 새로운 사학 정책 방향으로 '획일적 평준화'에서 완전한 '선택적 자율화'가 이루어질 수 있도록 일정 기간의 유예 기간을 거쳐 사학의 재정 상태나 교육 여건 등을 감안하여 자립형 학교, 보조형 학교, 관리형 학교 등으로 차별화하여 선별적으로 지원·육성하는 정책 패러다임의 변화 노력도 뒤따라야 한다.

2) 사립학교법 개정 논란

현행 사립학교법은 학교법인의 설립, 기관, 재산과 회계, 해산과 합병, 지원과 감독 등에 대한 규정과 함께 사립학교 교원의 자격·임면·복무, 신분 보장과 사회 보장, 징계 등에 관한 규정을 주요 내용으로 하고 있다. 우리 나라 사립학교법의 규정 내용을 중심으로 사립학교법을 정의

한다면, 사립학교법이라 함은, 학교법인과 사립학교 교원의 인사 운영 등에 관해 규정하고 있는 법이며, 근본적으로는 사학의 성격과 역할에 관한 법이라고 할 수 있다.[24)]

이러한 사립학교법에 대한 개정 문제를 둘러싸고 이념적으로 양분된 집단과 단체 간에 첨예한 대립과 갈등이 일어나고 있다. 지난 2005년 12월 19일 여당인 열린우리당이 국회에서 야당과 학교법인 관계자들의 강력한 반발을 무릅쓰고 통과시킨 사립학교법 개정안을 두고 사학재단들은 '사학 경영권 탈취 음모'라며 반발하며 헌법재판소에 헌법소원을 제기(2005. 12. 28.)하는 등 개정된 사립학교법을 다시 재개정하자는 요구가 또다시 제기되며 동(同) 법률을 둘러싼 불만과 갈등이 또다시 사회 이슈화되고 있다. 정치권은 물론 교육계를 반으로 갈라 놓으며 어렵게 개정된 사립학교법이 학교 현장에 뿌리를 제대로 내리지 못하고 있는 것이다.

개정된 사학법의 핵심은 개방형 이사제 도입과 대학평의원회 구성이다. 2006년 7월 1일부터 시행된 새로운 사학법의 핵심 내용이 학교현장에 제대로 적용하기 위해서는 무엇보다 학교법인의 정관 개정이 법 시행과 함께 이루어져야 하지만, 사학법인들은 정치권의 움직임과 헌법소원 결과를 기다리며 관망하고 있는 등 갈등의 소지는 여전히 잠재해 있다. 2006년 8월까지 전국 300여 개 사립대학(전문대 포함) 가운데 개정된 사립학교법을 적용하기 위해 이사회에서 법인 정관을 개정해 교육부 인가를 받은 학교법인은 건국대 단 한 곳 뿐이었다

종래 사립학교법을 둘러싸고 관련 단체 간에 논란이 되었던 부분은 크게 세 가지로 나눠 볼 수 있다. 우선 교사회(교수회)·학부모회·학생회·직원회 법제화 문제이다. 현재 만들어도 되고 안 만들어도 되는

24) 박재윤(2003), 사립학교법 편람, 한국문화사, pp. 2-3 참조.

임의조직인 학교 내 교사회(교수회)·학부모회·학생회·직원회 등을 법제화해 모든 학교가 이 같은 조직을 두도록 한다는 것이다.

이들이 학교의 기본 조직이 되도록 해 학교운영위원회도 구성하고, 학교 예산 및 인사 결정에도 참여하도록 하기 위해서다. 전교조와 시민단체는 이 조항에 대해 불만이 거의 없다. 반면 사학재단들은 이 조항이 교원들의 경영 참여 기반을 조성하려는 목적에서 만들어졌다고 보고 있다. 또 학교 내 집단 간에 갈등을 일으켜 학교를 정치판으로 변질시킬 것이라 우려하고 있다. 한국사학법인연합회는 "역사적으로 공동 의사 결정체를 도입한 학교 중에 발전한 학교는 없다"고 말하고 있다. 실제 교사회 등이 법제화되고 학교 내 각종 의사 결정에 참여하게 되면 단결력 강하고 투쟁성 높은 전교조 교사 등이 장악하게 될 가능성이 높을 것으로 일선 학교에서는 보고 있다. 교사회가 집단의 힘으로 교장이나 재단을 압박할 가능성이 높을 것이란 얘기다. 지난 2005년 12월 국회에서 통과된 사립학교법 개정안에는 이러한 법제화 문제가 결국 포함되지 않았으나, 향후 초·중등교육법 및 고등교육법 개정 논의시 또다시 논란의 여지를 안게 된 것이다.

두 번째는 학교운영위원회(대학은 대학평의원회)의 심의기구화 문제로, 교사회(교수회)·학부모회·학생회·직원회 및 동문·지역인사 등이 학교운영위원회를 구성하여 학칙 제정·개정과 학교 예산·결산 결정, 학교 발전 계획 등의 심의에 참여토록 하는 안이다. 이 법안대로라면 학교장이 편성해 온 예산을 학교운영위원회가 심의하고, 최종 의결은 이사회가 한다. 최종 결정을 이사회가 한다는 점에서 학교운영위원회가 심의권을 제대로 행사하지 못하게 될 가능성도 점쳐지고 있다. 전교조도 이 점을 우려하고 있다. 하지만 사학재단들은 교사회 등이 전교조 등 운동세력에 장악될 경우 학교운영위원회도 함께 장악될 수밖에 없고, 이들이 마음에 들지 않는 예산안 등을 계속 심의에서 부결할 경우 학교 경영이 파행으로 치달을 수 있다고 우려하고 있다. 사학재단들은 이렇게 될 경우 재산 출연으로 형성된 학교법인의 경영권이 침해되는 상황이 발생한다고 보고 반발하고 있는 것이다. 지난 2005년 12월 개정 사립학교법에서는 대학평의원회의 설치를 의무화하고 학교회계의 예산은 당해 학교의 장이 편성하되 학교운영위원회 또는 대학평의원회의 자문을 거친 후 이사회의 심의·의결로 확정하도록 규정하였다.

세 번째는 이사회 구성에서의 개방형 이사제 도입 문제로, 학교운영위원회 또는 대학평의원회가 추천하는 인사로 사학재단의 이사 3분의 1을 임명하도록 하는 제도다. 학교의 최종 의사 결정권을 갖고 있는 이사회에 학교 구성원들의 의견이 3분의 1 정도 반영되면 의사 결정 과정이 투명해지고, 학교 구성원들의 이익도 어느 정도 보장될 수 있을 것이라는 게 열린우리당의 주장이었다. 하지만 전교조와 시민단체는 이 개정안의 단서 조항 때문에 이 같은 긍정적 기능을 수행할 수 없을 것으로 보고 있다. 학교운영위원회가 이사를 추천할 때 법인과 협의해야 한다는 조항 때문에 재단의 마음에 들지 않는 인사가 개방형 이사로 들어가기가 어렵게 됐다는 것이다. 하지만 사학재단들은 단서 조항이 있더라도 이 제도는 받아들이기 힘들다는 입장이다. 학교운영위원회가 추천한 이사들이 법인과 협의된 사람들이라 하더라도 학교운영위원회나 교사회 등의 입김에서 벗어나기 힘들 것이란 생각에서다. 설립자의 건학 이념은 이사 선임을 통해 계승되므로, 법인과 고용 관계에 있는 피고용인이 사실상 이사를 선임(추천)토록 하는 것은 용인할 수 없다는 입장이다. 이들은 국립대 부속병원 등 공공법인의 경우도 이사 선임(추천)권은 구성원들에게 부여되지 않는다는 사례를 들기도 한다.

지난 2004년 10월 20일 열린우리당은 '학교운영위와 대학평의원회 추천 인사를 학교 이사의 3분의 1 이상 참여'시키는 당초 의원입법안을 마련한 바 있으나, 2005년 12월 9일 국회 본회의에 직권상정 처리된 사립학교법 개정안은 '사립학교 이사진 7명 중 개방형 이사를 4분의 1 이상으로 하되, 개방형 이사 임명 방식은 학교운영위나 대학평의원회가 2배수로 추천해 이사회가 최종 선임권을 행사'하는 것으로 약간 고친 수정안이었다. 당시 열린우리당 – 민주당 – 민주노동당 간의 3당 공조를 통해 수정안을 협의하는 과정에서 우리당과 민노당은 이사 정수 9명 중 개방형 이사를 3분의 1 이상으로 하자고 주장했지만, 민주당은 7명중 4분의 1 이상을 요구하였고 결국 개방형이사의 비율과 관련해서는 민주당안을 따르기로 한 것이다. 당시 김원기 국회의장은 '선(先) 개방형 이사제와 후(後) 자립형 사립고 도입' 등 열린우리당과 한나라당 주장을 절충한 조정안을 내놓았으나, 한나라당은 '사학법 개정과 달리 별도로 논의할 대상'이라며 사립학교법 개정 논의 자체를 거부함에 따라 자립형 사립고 도입 전면 확대 문제 역시 최종 개정안에는 반영되지 않았다.[25]

이처럼, 사립학교법 개정 문제는 외형적으로는 사학 비리의 근절이냐, 사학 경영권 및 자율성 수호냐의 문제로 표면화되고 있지만, 언론과 정치권에서 이를 쟁점화하고 이슈화하는 등 정책적 논란에서 이젠 이념적 문제로 비화하였으며 어쩌면 이미 소모적인 이념 논쟁의 한가운데에서 있다고 할 수 있다.

4. 유치원 · 어린이집 · 유아미술학원 간의 갈등

1) 유아교육의 현황 및 중요성

취학 전(就學前) 교육은 의무교육 기관인 초등학교에 입학하기 전에 유아들이 받는 교육을 의미한다. 이에 해당하는 교육기관으로서는 유아

25) 2005. 12. 9 연합뉴스, '사학법 처리, 숨가빴던 3당협상 전망' 기사 참조.

원 · 유치원 · 어린이집 등을 들 수 있다. 그 중에서 유아원(nursery school)은 유치원에 입학하기 이전의 어린이를 교육하는 기관이며, 유치원(kindergarten)은 교육법에 의거 설립된 학교 제도의 일부로서 초등학교 입학하기 이전의 만 3세 이상의 아동을 대상으로 1년 내지 2년간의 유아교육을 실시한다. 어린이집(day care center)은 2~5세의 아동 중 취업 여성의 자녀를 보호하는 기관으로 일차적으로 아동의 보호 기능을 담당하여 왔으나 오늘날에 와서는 교육 기능도 수행하고 있다. 이러한 취학 전 교육기관 중에서 형식적인 학교교육의 성격을 가지고 있는 기관은 유치원이다.[26)]

양질의 유아교육은 개개인에게는 건강한 가족과 사회의 구성원으로 성장해 나갈 수 있는 토대를 제공해 주고, 국가에는 국가 경쟁력의 원천인 인적자원을 양성하는 데 기여한다. 특히, 신체 · 언어 · 정서 · 사회성 · 도덕성 발달의 결정적 시기인 만 3~5세 유아에 대한 교육의 공교육화 및 투자 확대를 위해 인적자원 개발의 출발점인 유아교육에 대한 국가 관리 체제 구축이 필요하다. 유아교육의 중요성은 핵가족화 및 맞벌이 부부 증가의 측면에서도 찾아볼 수 있다. 종전에는 가족만의 책임으로 여겨졌던 유아에 대한 교육과 보호가 점차 사회와 정부의 책임으로 인식되어 가고 있다. 또한, 날로 늘어나는 여성의 사회 경제 활동 증가도 유아교육에 대한 정부의 관심을 촉구하는 요인이다. 여성 노동력을 최대한 활용하기 위해서는 자녀를 안심하고 맡길 수 있는 유아교육 체제의 마련이 필수요건이기 때문이다.

이러한 사회 변화에 대해 신속하게 대응하고 있는 예는 경제협력개발기구(Organization for Economic Co-operation and Development : OECD)에 소속된 선진 각국에서 찾아볼 수 있다. OECD 국가들은

26) 이형행(1998), "교육학개론", p. 387, 참조.

소득계층 간의 교육 기회 격차를 해소하고 여성의 사회 진출을 촉진하기 위하여 효율적인 유아교육 · 보호 체제 구축이 필요하다는 인식 하에 유아교육에 대한 투자를 증대하고 있다. OECD 국가들은 유아교육을 사회정의와 기회 균등을 실현하는 중요한 수단으로 인식하고 있다. 따라서 유아교육을 국가의 책임뿐만 아니라 사회적 기반의 한 부분으로 간주하고 만 3~5세 유아에 대한 교육과 보호 투자 확대에 진력하고 있다.

일반적으로 유아란 만 3~5세아를 지칭하며, 이들의 교육을 담당하는 법적기관에는 유치원과 보육시설(어린이집, 놀이방)이 있다. 유치원은 「초 · 중등교육법」에 의해 만 3~5세아의 교육을 담당하는 "학교"로서 교육인적자원부장관이 고시한 유치원 교육과정을 제공한다. 반면에 보육시설은 「영유아보육법」에 의해 만 0~5세아의 보육(보호와 교육)을 담당하는 기관으로 보건복지부장관이 정한 보육프로그램을 제공한다. 유치원과 보육시설 이외에 「학원의 설립 · 운영및과외교습에관한법률」에 의하여 설립 · 운영되고 있는 학원과 종교기관 등에 의해 설립 · 운영되는 선교원에도 일부 유아가 다니고 있으나, 법적으로 인정된 유아교육 · 보육기관은 현재 아니다.

기관별 취원 현황(2002년 기준)을 살펴보면, 유치원에는 전체 만 3~5세아의 27.8%인 약 55만 명이 취원하고 있고, 보육시설에는 27.7%인 약 54만 9천명이 다니고 있으며, 나머지 약 88만1천 명은 학원 또는 선교원 등의 시설에 다니거나 가정에서 부모로부터 교육을 받고 있는 것으로 추정된다. 한편, 2002년부터 실시된 무상교육의 대상인 만 5세아의 경우, 유치원에는 약 44.6%인 30만3천 명이 취원하고 있고, 보육시설에는 23.2%인 약 15만8천 명이 다니고 있다. 즉, 초등학교 취학을 앞둔 만 5세아의 유치원과 보육시설 취원율이 전체 유아의 취원율보다 훨씬 높음을 알 수 있다. 특히, 유치원이 전체 만 5세아의 44.6%나 수용하고 있다는 것은 학부모들이 유치원을 초등학교와 가장 밀접한 관계를 가진 기관으로 인식하고 있음을 나타낸다. 유치원의 현황을 좀더 자세히 살펴보면 시설 수로는 국·공립 대 사립 비율이 50.8 : 39.2로 비슷하나, 취원아 수를 기준으로 할 때는 국·공립 대 사립 비율이 21.7 : 78.3로 전체 유아의 약 80%가 사립유치원에 다니고 있는 상황이다. 이렇게 높은 민간 의존도는 유아교육 공교육화의 저해 요인으로 작용할 수 있다.[27]

2) 유아교육의 공교육 체제 추진 경과

일반적으로 유아교육 공교육화란 '모든 유아가 보호자의 경제적 능력에 관계없이 자격 있는 교사에 의해 국가가 정하는 교육과정을 일정기준의 시설을 갖춘 기관에서 제공받을 수 있는 체제를 구축하는 것'으로 정의할 수 있다. 이를 행정적으로 다시 정의한다면 '국가에 의해 유아교육기관에 대한 지원과 책임 있는 지도·감독이 동시에 이루어지는 것'이라 할 수 있을 것이다. 공교육화의 개념을 이렇게 정의할 때, 유아교육 공교육화에는 막대한 국가 재정과 인력이 소요됨을 알 수 있으며, 유아교육의 민간 의존도가 80%인 현실을 감안할 때, 그 정도가 더욱 심할 것임을 예상할 수 있다. 이러한 민간 위주의 유아교육 현실에서 유아교육 공교육화를 단계적으로 달성하기 위해 제안된 정책이 바로 만 5세아 무상교육이다. 즉, 만 5세아 교육에 필요한 인건비와 운영비를 교육비 형태로 각 유아에게 개별적으로 지원하여 유아교육 공교육화를 위한 토대를 마련한다는 것이다.

만 5세아 무상교육의 필요성은 유아교육 학자들에 의해 계속 제기되어

27) 교육인적자원부 내부 백서(2002.12), "지방교육행정의 성과와 전망" 참조.

왔으나, 정부 정책 방향으로 공식화된 것은 1997년 대통령 자문 교육개혁위원회에 의해서다. 동 위원회는 신교육 체제 수립을 위한 교육개혁 방안의 하나로 만 5세아 무상교육을 제시하였다. 이러한 정책 의지는 그 해 초·중등교육법 제정(1997. 12. 13)시 제37조(무상교육)로 구체화되었고, 1998년 유아교육진흥법 개정(1998. 9. 17)시 제4조(무상교육)의 신설로 재확인되었다. 그러나 동 조항 신설 이후에도 국가 재정 여건의 열악함을 이유로 실시되지 않다가, '중산층 육성 및 서민 생활 안정 대책'의 일환으로 1999년 2학기부터 일부 저소득층 자녀에 대한 학비 지원으로 시작되었다.

무상교육 확대에 관한 논의를 본격적으로 촉발시킨 것은 2001년 1월 22일 국무회의 시 "중학교 의무교육의 완성과 더불어 유치원 교육도 공교육화가 이루어질 수 있도록 단계적으로 준비하라"는 대통령의 지시에 의해서다. 동 지시사항을 이행하기 위하여 2001년 2월부터 교육인적자원부, 보건복지부, 기획예산처 등 관계부처를 중심으로 '만 5세아 무상교육 추진단'을 구성·운영하였다. 무상교육 실시 방법으로 관계 부처 간의 협의 초기에는 농어촌부터 전면 실시하여 중소도시, 대도시까지 점진적으로 확대해 나가는 방안이 고려되었으나, 지역별로 확대해 나갈 경우 소득 역진적 효과가 발생할 수 있고, 일부 지역의 시설 부족 등 시행상 문제점이 발생할 우려가 있다는 문제점이 제기되었다. 이에 따라 2001년 9월 6일 민주당 공교육종합특별위원회와 협의하여, 전국의 저소득층 가정부터 지원하되, 국가 재정 여건 및 시설 여건 등을 고려하여 점진적으로 지원을 확대해 나가는 것으로 방향을 정리하여 2001년 9월 27일 '만 5세아 무상교육 확대 실시 계획'을 확정하였다.

2002년 3월부터 교육인적자원부와 보건복지부가 공동으로 전국의 만 5세아를 대상으로 교육비를 지원하고 있는데, 지원 대상은 법정 저소득층과 기타 저소득층 가정의 만 5세아이며 지원 방법은 학부모의 선택권을 최대한 보장하기 위하여 학부모가 자녀를 취원시킨 유치원에 지원하고 있다. 유치원은 지원을 받는 학부모에게 지원액만큼 학비를 면제해 주고, 추후 관할 지역교육청으로부터 면제액만큼 지원받게 된다.

3) 유아 미술학원에 대한 국가 지원 논쟁

2001년 1월 대통령의 지시에 의해 추진된 만 5세아 무상교육의 지원 방식과 관련하여 교육인적자원부와 보건복지부가 공동으로 '무상교육·보육'을 추진하기로 결정한 이후, 향후 대도시 등으로 확대해 나갈 경우, 부유한 가정에도 지원을 하게 되는 소득 역진적 효과가 발생할 수 있고, 일부 지역의 시설 부족 등 시행상 문제점이 발생할 우려가 있다는 의견이 많아 지원 방식에 대한 논란이 계속되었다.

이러한 논란은 2001년 9월 당시 여당인 민주당 내에 구성된 공교육종합발전특별위원회에서 전국의 저소득층 가정부터 지원하되, 국가 재정 여건 및 시설 여건 등을 고려하여 점진적으로 지원을 확대해 나가기로 기본 방향이 결정되면서 마무리되었다. 교육인적자원부, 보건복지부, 기획예산처 등에서도 소득계층별로 지원하는 방안에 동의하였고, 소요 예산은 유아교육진흥법 및 영유아보육법 상의 무상교육·보육의 비용 부담 관련 조항에 따라 국가와 지방자치단체가 공동 부담해야 한다는 데 의견을 같이 하였다. 이를 통해 만 5세아 무상교육은 소득계층별로 지원하는 것을 원칙으로 하되 국가 재정 여건을 고려하여 점진적으로 확대 실시하며, 무상교육 비용은 국가와 지방자치단체가 공동으로 부담하는 것을 골자로 하는 최종안이 확정되었다.

그러나 2002년부터 확대 실시된 만 5세 무상교육에 유치원과 민간보육시설만 포함되고, 유아미술학원이 제외됨에 따라 유아미술학원연합회에서는 단체 행동 등을 통해 대상 기관에 포함해 줄 것을 강력히 요구하게 된다.

당초 정부는 '05. 9. 15 사회안전망 관계장관회의에서 "어린이집 등 민간보육시설에만 '07년부터 정부 보조금을 지원하고 사립유치원은 교육비가 자율화되었다는 이유로 보조금 대상에서 제외"하려고 하였으나, 이후 정부는 '06. 5. 10 국정현안정책조정회의에서 정부 내 조율을 거쳐 사립유치원까지 정부 보조금을 지원하되, 유아미술학원은 제외토록 최종 결정하게 된다.

정부에서는 학원을 무상교육 대상 기관에 포함시킬 경우 공교육을 내실화하여 사교육비를 경감시키려는 만 5세 무상교육의 근본 취지를 훼손할 수 있고, 무상교육이 단순히 복지 차원에서 추진되는 정책이 아니라 '유아교육 공교육화'의 전단계로서 추진되는 정책이라는 점을 고려하여 학원연합회의 요구를 받아들이지 않았다. 교육인적자원부에서는 학원이 무상교육 대상 기관에 포함되기를 원할 경우 관련 법령에 따라 유치원이나 보육시설로 전환할 것을 권고하였지만 학원연합회 측에서는 재정 지원을 계속 요구하는 등 유아교육 지원 대상을 둘러싼 갈등은 여전히 계속되고 있다.

오늘날 선진 각국은 벌써부터 3세 미만의 영아를 위해서는 질 좋은 탁아를 제공하고, 3세 이상의 유아를 위해서는 공교육 체제 안에서 교육과 보호 서비스를 통합하여 제공하고 있다. 이렇게 국가적 차원의 질 관리를 통하여 취학 전 유아들에게 최적의 교육과 보호를 제공하고, 재정 지원을 통하여 각 가정의 육아와 유아교육에 대한 부담을 완화시키는 것이 세계적 추세이다. 국가가 유아교육을 관리하고 지원하는 공교육 체제의 확립은 우리가 처한 시대적 과제이며, 정부, 학부모, 유아교육기관, 유아교육관련 단체 등 전 국민적인 관심과 지원이 있을 때 달성 가능할 것이다.

4) 단설유치원 설립을 둘러싼 이해집단 간 갈등

전체 공립유치원 중에서 초등학교에 부설된 병설유치원이 99%를 차지하고 있지만, 농어촌 인구 감소에 따른 취원아 수의 감소로 대부분의 병설유치원은 1～2학급에 불과한 소규모 운영이 대부분이다. 이러한 점 때문에 병설유치원은 일반 사립유치원에 비해 구조적으로 교육의 질이 낮은 것이 현실이다. 병설유치원은 설립 당시부터 강당, 창고 등 초등학교 유휴교실을 개조하여 설립됨에 따라 시설물이 노후화되었거나 기존시설을 그대로 사용하고 있어 손잡이, 교실 창문, 출입문 등이 유아의 신체 발달에 맞지 않는 경우가 대부분이며, 특히 교실 바닥 난방시설이 되지 않아 동절기 유치원 교육에 어려움이 많은 실정이다. 이런 점을 고려할 때, 병설유치원의 교육 환경을 개선하고 소규모 병설유치원 2～3개를 통합하여 단설유치원을 설립하는 것은 공립유치원의 경쟁력을 강화하고 유아교육 공교육화의 기반을 마련한다는 점에서 매우 중요하다. 그러나 단설유치원 설립 확대 정책은 그 추진 과정에서 사립유치원, 유아학원 등과 지역 내 원아 모집을 둘러싸고 갈등이 불거지곤 했다. 사립유치원 단체인 한국유치원총연합회는 단설유치원 설립 추진은 자신들의 생존권을 위협하는 문제라고 주장하면서 사업 추진의 철회를 요구하기도 하였다. 이러한 이해단체의 갈등으로 인해 정부의 단설유치원 신·증축 사업은 해당 지역 사립유치원의 원아 수용 가능성과 유아교육 수혜율 등을 감안하여 지원하고 있으며 기존 병설유치원의 시설 환경 개선을 병행적으로 추진하게 된다.

제 3 장

교육정책에 영향을 주는 변수들[28)]

28) 안병영, 2001. 6. “입법 및 정책 결정 과정에서 장관과 국회 상임위원회의 상호 관계”(도서출판 한울), 장관직 경험을 바탕으로 정책 결정을 둘러싼 장관과 국회의 상호 관계를 분석한 논문으로 이 글 ‘제3장 교육정책에 영향을 주는 변수들’은 안 교수의 논문내용을 바탕으로 요약 · 재구성한 것이다.

교육의 목표는 머리와 손과 가슴, 지식과 기술과 도덕의 세 가지가
원만하게 조화된 전인형성 (全人形成)에 있다.
– Pestalozzi J. Heinrich

1. 장관과 행정부

1) 장관의 정치력과 정책 결정 과정

교육이라는 영역은 얼핏 보면 정치적 외풍이 적은 전문적인 분야로 생각될 수 있으나, 이 영역은 지금까지 결코 정치적 관심에서 벗어난 적이 없다. 교육인적자원부의 주요 정책대상인 각급 학교 학생 수가 약 1,200만 명이니 전 국민의 1/4에 달하고, 교사가 40만 명에 이르며, 교육인적자원부 예산이 전체 정부 예산의 약 1/4이 되다 보니 교육에 관한 쟁점은 전 국민의 관심사가 된다. 따라서 교육과 관련된 의제는 평소에 정치적 관심의 밖에 있다가도 하루 아침에 첨예한 정치적 쟁점이 되는 경우가 적지 않았다. 특히 대입제도 개선, 사교육비 대책, 학교폭력 등 우리의 삶의 과정과 밀접히 연관된 쟁점들은 교육 문제이자 만인의 불만요인이고 정치 문제였다. 그만큼 교육부장관 자리는 교육적 전문성만으로는 부족하고 국민들의 가려움과 갈증을 함께하고 달래줄 수 있는 정치력과 인품이 필요한 자리다.

장관의 임기는 특별히 정해져 있는 것은 아니며, 임명권자인 대통령의 뜻에 따라 진퇴가 정해진다. 장관은 국무총리의 제청에 따라 대통령이 임명한다. 그런데 우리나라의 경우, 국무총리의 제청은 대개 형식적이거나 부차적인 경우가 많았으며 대통령이 장관 임명에 결정적인 영향력을 행사한다. 대통령이 장관을 임명할 때 가장 중요한 기준과 변수는 정치적 충성심과 전문성, 그리고 인품(人品)이라고 할 수 있다. 여기서 정치적 충성심은 대통령 개인에 대한 인격적 충성심만을 뜻하는 것은 아니며, 대통령이 추구하는 이념적 지향, 정치적 문제 해결 방식 등에 대한 공감과 연대감이 중요하게 작용한다. 이에 반해 전문성은 해당 정책 분야에 대한 정책 전문성과 함께 조직관리 능력 내지 행정 능력을 뜻한다. 이 두 가지 변수 중에서 대통령이 어디에 더 역점을 두는지는 대통령의 리더십 스타일에 따라서 또, 그때 그때의 정치적 상황 변수에 따라서 달라진다. 물론 정치 상황에 따라서는 여성이나 출생 지역 등 정치적 대표성과 같은 정치 변수가 장관 임명에 크게 작용할 수도 있다.

장관은 얼마간의 정치력을 갖추어야 한다. 전문성이 아무리 뛰어나도 정치 환경과 우호적 관계를 마련하고 그들과 협력하여 문제를 풀 수 있는 능력이 모자라면 정책 추진에 차질이 생기기 십상이다. 여기서 정치력은 정책 결정 과정에의 주요 참여자인 상임위 국회의원, 청와대, 당 지도부, 유관 부처, 야당 수뇌부, 주요 이익집단, 시민단체, 언론기관 등을 상대로 한 개념이다. 이들과 지속적인 공감대를 형성하고 상충하는 이해관계를 조정, 중재, 해결하는 능력이 바로 정치력이다. 국회를 비롯한 모든 정치 환경과의 교섭에서 가장 주요한 덕목은 상호간의 신뢰 형성이며, 상호 신뢰 관계 형성의 가장 중요한 관건은 장관의 인품(人品)이다. 특히 언론과 시민단체는 장관의 지난날의 행적에서 그의 '인품'을 기억하고 평가한다. 인품은 장관 자신의 지난날의 삶의 궤적 속에서 이미 형성된 것이며, 그가 할 수 있는 것은 다만 그것을 유지하며 가꾸는 일이다. 교육부와 같이 '이해관계자간 갈등도 많고 따라서 외풍이 드센 곳'은 의외로 '인품'이 장관 임명과 장관의 정치적 리더십 발휘에 있어서 주요 변수가 되기도 한다.

일반적으로 정책 결정 과정은 네 가지 단계를 거치는 것으로 이해된다. 첫 단계는 이슈가 제기되는 단계이며, 다음은 정책 의제로 설정되는 단계이다. 의제화된 정책 문제에 대해서는 다양한 방법으로 그 해결책이 검토되는데 그것이 세 번째 단계인 정책 대안의 모색 단계이다. 마지막

단계는 정책 대안으로 채택된 정책안이 법적으로 유효한 정부의 행위로 확정되는 합법화 과정으로서, 정책안이 국회에서 법률이나 예산으로 확정되는 것이 그 예이다.

장관은 개인별 정치력과 전문성에 따라 다소 차이가 있긴 하지만, 이러한 정책 결정 과정의 모든 단계에 직·간접적으로 관여하고 때론 국정 현안을 주도하게 된다. 사실 정책의 중요성이 크면 클수록 대통령 내지 청와대의 영향력이 높아지지만, 일반적인 경우에는 장관이 교육정책에 대해 일차적인 최종 결정권을 행사하게 된다. 따라서 장관의 교육철학과 성향에 따라 교육정책도 같이 바뀌어 왔다. 장관이 교체될 때마다 통상 '기존의 교육정책을 유지하겠다'고 밝히지만 장관의 개성과 철학에 따라 기존 정책도 같이 요동친 것이 사실이다. 다만 참여정부 들어서는 대통령과 청와대의 정책 개입이 상대적으로 두드러지면서 장관 교체에 따른 교육정책 변경은 그리 크질 않았다.

2) 교육부 내에서의 정책 결정 과정

윤덕홍 부총리는 2003년 3월 7일 부총리 취임식에서 "진주 마피아, 서울사대 마피아 하며 싸우는 일은 그만두어야 한다"며 교육부를 질타한 바 있다. 윤 부총리가 참여정부 초대 교육부총리로 취임할 때 언급했던 '교육 마피아'란 용어는 교육관료를 바라보는 우리 사회의 부정적 인식의 한 단면을 보여준다. 교육계에서 '교육 마피아'라는 말이 언제부터 등장했는지는 정확하지 않다. 교육부 내부에 지연과 학연을 연고로 형성된 파벌을 지칭하는 말이지만, 교육부 내 정책 결정 과정에 조직 이기주의로 뭉친 일부 교육 관료들의 비합리성과 불합리한 행태를 꼬집는 말이기도 했다.

심지어 일부에서는 '교육부가 없어야 교육이 산다'며 교육부 무용론을 펴기도 했다. 물론 그런 측면이 일면 없는 것은 아니나, 이를 교육부 전체 조직의 특성으로 일반화하기에는 한계가 있다. 경기의 룰에서 각자의 선수가 있으면 조정자로서의 심판도 있어야 하듯이 각자의 영역은 필요한 것이다. 필자 또한 교육부 공무원으로서 이러한 말에 심한 자괴감을 느끼면서도 이 같은 논쟁에 개입하지 않는 것은 그라운드에 선 심판이 선수로 뛰어서는 안 된다는 게임의 룰을 중시하기 때문이다. 적어도 필자는 그렇게 생각해 왔다.

'교육 마피아'를 공식 제기한 윤 부총리도 2003년 12월 1일 인터넷 언론 매체인 오마이뉴스와 가진 인터뷰에서 "교육 마피아라는 말은 그리 적절한 것 같지는 않습니다. 밖에서 보는 것처럼 심한 것 같지는 않습니다. 다만 관료들 인사 이동하는데 하나의 맥은 있습디다. 친밀도나 학맥이라고 할까. 그런 맥이 없이 일 잘하는 사람이 적재적소에 가도록 하는 인사, 그게 장관인 내가 해야 할 작업이라고 생각하죠"라고 말한 바 있다. 어찌 보면, 이 말이 교육 마피아 논쟁에 대한 정확한 진단일 것이다.

정부 정책의 주요한 의제는 법률의 제·개정의 형태로 공식화되는 경우가 많다. 그러나 실제로 영향력이 매우 큰 정책도 법률안이 아닌 대통령령이나 부처 훈령의 제·개정을 통해 공식화되거나 심지어 법령과 직접 관계가 없는 지침 형식으로 이뤄지는 사례도 적지 않다. 정부 주도 법률안 마련의 경우 이미 국회에 법안이 제출되기 이전부터 공식적 참여자 간의 협의와 이견 조율은 물론 전문가나 이해당사자, 시민사회 등 다양한 비공식 참여자의 의견을 수렴하는 과정을 거치게 된다. 대체로 법률안 초안이 마련되기 이전에 교육부 내에서 정책 연구 내지 정책 토론을 거치는데, 정책 토론의 경우 많은 경우 차관 주재로 관련 실·국장, 과장, 실무자 등이 두루 참여하는 개방적 토론의 형식을 취한다.

주요 정책의 경우 실·국장회의에서 장관에게 보고되고 이 자리에서 얼마간의 토론이 진행되는 경우가 많다. 법률안 내용이 어느 정도 정리되면 일단 기본 정책에 관해 장관에게 결재를 받는다. 교육부 내 정책 작성 과정에서 담당 부서는 사안에 대한 학계와 사회의 기존 연구 및 논의 수준을 점검하며, 필요한 경우 연구 용역, 즉 정책 연구를 통해 정책 추진에 필요한 이론적 근거를 마련하기도 한다.

행정부처 간의 정책 조정은 실제로 단순한 관리적 차원이 아닌 정치적 차원의 문제인 경우가 적지 않다. 부처 간의 협력보다는 오히려 경쟁이나 갈등이 빚어지는 경우가 많으며 이 경우 부처 간의 과장급에서 시작되어 국장급, 혹은 그 상위인 차관과 장관급 접촉으로 이어지는데 타협이 되지 않으면 국무조정실이나 청와대에 의한 조정과 조율이 시도된다. 부처간의 이러한 상호 작용 내지 권력 역학 관계는 흔히 관료정치(bureaucratic politics)로 표현되기도 한다.[29)]

정부는 여당과 주요 정책에 관해 사전 협의를 하여야 하며, 이를 위해 당정협의를 거친다. 대체로 정부는 정책 합리성의 입장에 서는 반면, 당은 정치적 합리성의 관점에서 접근한다. 행정부처에서 여당에 파견되어 있는 국장급 전문위원이 실무 조정 역할을 맡는다. 정부가 제출하는 법안이 정부와 여당 간에 당정협의를 거쳤다고 해서 법률안의 국회 통과를 보장하는 것은 아니다. 야당의 협력을 사전에 이끌어 내거나 최소한 야당이 필사적으로 반대하는 상황이 발생하지 않도록 미리 정책안을 설명하고 설득하는 노력이 필요하다. 이때 정치권을 설득할 수 있는 가장 중요한 무기가 바로 국민 여론이다.

국민에게 큰 영향을 미칠 수 있는 주요 교육정책안의 경우에는 그

29) 안병영, 2001. 6. "입법 및 정책 결정 과정에서 장관과 국회 상임위원회의 상호 관계"(도서출판 한울).

입법 형식이 법률안이든지 아니면 법령 또는 행정지침이든지 간에 그 형식을 구애받지 않고 통상 공청회를 여는 것이 점차 일반화되고 있다. 더욱이 법률안인 경우에는 국회 여·야 의원들의 협력을 이끌어 내고 정책의 필요성과 적절성을 부각시키기 위해서라도 사전에 여론을 청취하여 그 의견을 사전에 입법에 담으려고 노력하게 된다. 이러한 공청회에는 이해관계자들과 더불어 전문가들이 참여한다. 이해관계자와 국민의 여론을 법률안에 사전 반영하려는 취지이다. 정부 내의 정책 담당자는 많은 경우 공청회 참여자에게 사전에 자료를 제공하고 논리적 설득을 시도하며 참여자 선정에도 관여하게 된다. 이는 정책 여론 형성 과정에 관료가 참여하는 것으로 소위 '관료정치'의 일반적인 사례라고 하겠다.

2. 국회 교육위원회

국회 내 위원회는 의원(議員) 가운데서 소수의 위원(委員)을 선임하여 구성되는 국회의 내부기관인 동시에 본회의의 심의 전에 회부된 안건을 심사하거나 그 소관에 속하는 의안을 입안하는 국회의 합의제 기관이다. 위원회의 역할은 국회의 예비적 심사 기관으로서 회부된 안건을 심사하고 그 결과를 본회의에 보고하여 본회의의 판단 자료를 제공하는 데 있다. 따라서 위원회의 의결은 본회의의 심의 전에 행하여지나 위원회의 의결이 본회의의 의결을 법률적으로 구속하는 것은 아니다. 위원회에는 '상임위원회'와 '특별위원회'가 있는데, '상임위원회'는 구체적인 의안의 심사를 위하여 그때마다 설치되는 것이 아니고 상설기구로서 의안이 제출되고 청원 등이 접수되면 소관 사항에 속하는 내용을 심사하여 그 소관에 속한 의안의 입안과 입법 자료의 수집을 한다. 국회의원은 17개로 나뉜 상임위원회에 속해 활동을 하게 된다. 교육위원회가 바로 여기에 해당한다.

국회의원이나 정부가 법률안을 제출하면 국회의장은 이를 상임위원회나 특별위원회에 회부하고 이곳의 심의를 거쳐 본회의에 법률안이 상정된다. 하지만 상임위는 회부된 안건만 심사하는 것이 아니라 소관 사항에 대한 자주적인 심사권을 가지고 있기 때문에 그 소관에 속하는 사항에 관하여 법률안을 스스로 입안하여 제출할 수 있다. 상임위원회의 의원 배정은 교섭단체 소속 의원 수 비율에 의하여 각 교섭단체 대표 의원의 요청으로 의장이 선임한다. 교섭단체에 속하지 못한 국회의원의 상임위 배정은 의장이 한다

그간 주요 정책에 대한 법안 제출은 행정부가 주도하여 왔으나, 의원들의 법률안 발의 건수는 매년 크게 증가하고 있다. 의원입법 법안은 대체로 가결률은 낮지만 국회에서 의안에 대해 국회의원들과 정부가 밀접하게 협의하는 계기가 되고 정부에 입법을 위한 조사와 준비를 촉구하는 역할을 한다는 점에서 그 중요성을 가볍게 볼 수 없다. 대체로 정부입법은 국가 정책 형성의 현실적 욕구를 반영하여 추진하는 경우가 많으나, 의원발의의 경우에는 정치적 이해관계에 따라 특정 이익집단의 요구를 수용하는 차원에서 입안되는 경우도 적지 않다.

다만, 최근 들어 정부가 실제로 법안을 입안했음에도 불구하고 의원입법 형식을 취하는 경우가 많아졌는데, 이는 행정부가 법안을 상정하려면 실제로 정부 내에서 입법 예고, 부처 협의, 규제 심사 등 복잡한 여러 단계를 거쳐야 하므로 부처 간에 갈등이 있는 법안이나 시행 날짜가 촉박한 법안의 경우, 또는 의원들의 입법 실적을 행정부가 도와 주는 차원에서 의원입법의 형식을 취하는 경우가 적지 않다.

국회 상임위원회에서의 주요 기능의 하나가 국정을 감시, 통제하는 것이다. 실제로 국회 교육위원들이 입법 활동 못지않게 중시하는 것이

교육부장관에 대한 정책 질의인데, 이 때 장관에게 던지는 정책 질의의 내용은 교육정책 현안 및 시정(施政) 전반에 걸친 사안들이다. 장관과 교육관료들은 정책 과정 전반에 걸친 국회 교육위의 감시 및 통제에 대해 매우 민감하게 반응하며, 실제로 그로부터 직·간접적인 영향을 받는다. 교육 예산안 심의조차 종종 예산안에 대한 전문적 심의 보다는 교육 현안 등에 대한 정치적 공방으로 점철되는 경우가 많다.

국회 교육위 회의장에서 장관이 답변 과정에서 의원들을 논리적으로 설득하고, 나아가 그들을 이론과 실제에 있어 압도하는 경우 교육부의 정책 형성 및 집행은 순조롭게 진행되며 교육관료들의 사기도 높아진다. 그러나 법률안에 대한 대체 토론이나 정책 질의 답변 과정에서 장관이 효율적으로 대처하지 못하여 궁지에 몰리거나 의원들의 질책을 받는 경우, 교육정책의 정당성이 타격을 받는가 하면 장관의 이미지도 크게 실추된다.[30] 국회 교육위원회 위원들은 이러한 상임위 활동 과정에서 장관을 포함한 유관 관료 집단 및 이익집단들과 밀접한 연계를 맺는데, 이러한 관계는 때에 따라 긍정적으로 또는 부정적으로 작용한다. 지나치게 가까워지면 위원들은 인사(人事)나 이권 등 사사로운 청탁을 하거나 특정 집단만의 이익을 대변하게 되어 합리적인 정책 결정에 지장을 주기도 한다.

3. 대통령과 청와대

교육부에서 정책안을 주도하는 경우에도 정책의 사회적 파급력이나 그 중요성이 높으면 높을수록 실제로는 청와대와 긴밀한 정책 조율 속에

30) 안병영, 2001. 6. "입법 및 정책 결정 과정에서 장관과 국회 상임위원회의 상호 관계"(도서출판 한울) 참조.

진행되는 경우가 많다. 적어도 대통령이 원치 않는 정책안을 정부가 주도할 수는 없다. 대통령은 행정부의 수반(首班)이 되는 최고의 통치권자를 의미한다. 그런 의미에서 장관은 정책 형성 과정에서 대통령과의 교감에 비상한 관심을 쓴다.

그러나 실제로 장관은 대통령과 자유로운 의사소통의 기회를 자주 가지기가 매우 어렵다. 장관은 크고 작은 행사나 각종 청와대 회의에서 또, 대통령이 직접 주재하는 국무회의 등에서 대통령과 대면하게 되지만 대통령이 직접 의견을 묻는 경우가 아니면 대통령과 자유로운 쌍방적 의사소통을 하기는 어렵다. 특히, '독대'라 불리는 대통령과의 단독 접견은 쉽지 않다.

장관 재임 기간 중에 소위 대통령과의 '독대'가 몇 번이었는지 여부를 정부 내에서는 실세 장관인지를 판단하는 기준으로 보기도 한다. 사실 역대 대통령들은 독대라는 형식을 빌려 특정 관료나 정치인에 대한 각별한 신임을 나타내곤 했다. 그러나 참여정부 들어서는 독대를 통한 가신정치, 안방정치, 밀실정치를 배제하겠다는 취지에서 국가정보원장의 주례 독대보고를 없애는 등 배석자 없는 1대 1 독대 금지 원칙을 밝힌 바 있다.[31] 이에 대해 대통령과 장관의 적절한 독대는 정부의 효율적인 정책 추진에 있어 어느 정도 필요하다는 의견도 제기되었다. 이희범 전 산업자원부장관은 장관 퇴임 후 한 대학 특강에서 "장관 재임시 대통령을 독대하기 힘들어 정책에 대한 생각이 달라도 설득하기 어려웠다"고 술회한 바 있다.

어쨌든, 장관과 대통령 간의 의사소통은 주로 청와대 내 대통령 비서실을 통해 간접적으로 이루어지는 경우가 대부분이다. 교육정책의 경우

31) 자신을 과시하기 위한 발언이기도 하겠지만 일부 여당 고위 관계자 중에서 노대통령과 독대했다는 언론 보도가 가끔 있는 걸 보면 참여정부에서도 독대가 완전히 없어진 것은 아닌 것 같다.

청와대 사회정책수석실에 있는 교육문화비서관실이 교육부총리와 대통령 간의 교량 역할을 맡게 된다. 대부분의 경우 장관은 사회정책수석을 통해 교육 현안에 대한 대통령의 의지를 전해 듣고, 또 그를 통해 자신의 의사를 상달하게 된다. 또한 대통령은 정치적 함의가 큰 주요 교육 현안이 아니면 일일이 모든 정책에 관심을 갖지 않는다. 오히려 교육부의 소관 분야에 대한 정책 기획이나 정책 조율의 큰 책임이 수석비서관의 손에 놓이는 경우가 많다. 그러므로 장관과 수석비서관과의 이념적 · 인간적 친화성과 교감의 정도는 정책 형성 및 결정 과정에서 매우 중요하다.

만약 청와대 수석이 정책 형성 및 관리 과정에서 지원과 협력 대신에 불필요한 관여와 간섭을 일삼게 되면 정부 정책은 추진 과정에 흔들리게 되고 장관은 확신을 갖고 정책 수행을 하기가 매우 어려워진다. 어떠한 경우에도 장관에 대한 대통령의 신뢰는 정책 결정 과정에서 매우 중요하며, 이와 연관하여 장관과 청와대 수석비서관 내지 청와대 비서실장, 정책실장과의 관계 또한 중요한 변수가 된다. 최근 참여정부 들어서는 책임총리제의 표방으로 인해 정책 결정 과정에서 총리와 장관의 관계도 더불어 중요해지고 있다. 대부분의 주요 정책은 국무회의를 거치게 되는데, 대체로 부처 간의 갈등은 국무회의 이전에 조정 · 여과되며 이 과정에서 국무조정실과 국무총리의 역할도 중요하다.

4. 언론과 시민단체

안병영 전 부총리도 어느 지방 특강에서 언급하였듯이, 대부분의 언론사에서 교육 관련 취재를 사회부 쪽에서 맡다 보니 교육에 대해 좋은 이야기가 나오기도 어렵고, 오히려 교육을 '사건화'하는 경향마저 없지 않다. 그래서인지 국민들에 비친 교육은 항상 사건이 발생하는 '지뢰밭'

으로 인식되고 있다. 교육의 본질적인 문제나 큰 정책 방향이 기사화되기보다는 대부분 파생적인 문제로 인한 사건성 기사가 현안이라는 포장을 쓰고 언론 보도의 중심으로 뜨면서 줄곧 정책의 발목이 잡히는 경우가 적지 않았다. 이 때문인지, 아직 주위의 많은 분들이 여전히 20년 전의 교육을 생각하면서 정책을 폄하하는 경우도 적지 않다.

정책 의제 선정 및 정책 결정 과정에서 언론의 위세는 가히 가공할 만 하다. 최근 어느 부처 할 것 없이 언론과 친화적 관계를 유지하는 일은 거의 필수적인 과제다. 언론사들은 행정부나 장관, 혹은 정책 쟁점에 대한 보도에서 일의 본질보다 시청자들의 관심과 흥미를 유발하는 데 더 초점을 맞추는 경향이 있다. 언론의 이러한 편향성 때문에 관료사회가 흔히 언론을 기피하고 비밀주의로 대처하는 경우가 많다. 흔히 관료들이 언론과 '불가근(不可近), 불가원(不可遠)'의 관계를 유지해야 한다고 말하는 것도 바로 이러한 데서 연유한다. 그러나 이러한 방어적 입장은 장기적 관점에서 볼 때, 언론과 정부와의 신의(信義) 기반을 손상시킬 뿐 큰 득이 되지 않는다고 본다. 오히려 언론은 지식사회의 중요한 일부이기 때문에 가능한 한 개방적 접근을 하는 편이 더 바람직하다. 따라서 언론과의 관계에서 그들이 원하는 정보 및 자료를 적시에 공개하고 지적 · 논리적 설득을 통해 이들을 우군으로 만드는 편이 더 슬기로운 일이다. 실제로 많은 장관들이 일차적으로 부처 출입 기자단과 우호적 관계를 유지하는 데 지속적인 관심을 쓴다. 가능하면 주요 신문 및 방송의 주필, 데스크와도 지속적으로 적절한 교감을 유지하려고 노력한다. 주요 신문의 논설위원과 주요 교육 쟁점에 대해 의견을 나누는 일은 매우 중요하다. 주요 정책 현안들이 국회에서 논의될 때, 신문 사설에서 그에 대해 비판적인 입장이 강하게 피력되면 의원들이 이에 적지 않게 영향을 받기 때문에 적어도 언론을 중립적 위치에 놓지 않으면

안 된다.

장관이나 주요 정책 책임자가 기자들을 대상으로 인터뷰에 응하거나 주요 정책을 브리핑하는 경우가 종종 있다. 특히 브리핑은 적지 않은 기자들을 대상으로 하는 쉽지 않은 과정이다. 기자들의 질문 공세에 자칫 감정을 드러내거나 간혹 사견을 밝히는 경우가 있는데, 이는 브리핑 실패는 물론 새로운 논쟁거리와 정책 위기를 가져올 수 있다. 기자들 앞에서 이야기하는 것은 거의 100% 공개되고 기사화된다고 생각해야 한다. 이제 브리핑은 장관만의 몫이 아니라 정책 결정에 관여하는 관료나 시민사회단체 관계자 등 누구든지 언론 앞에서 자기가 관여하고 있는 분야에 대해 국민의 입장에서 궁금해 하는 사항에 대해 설명하고 답변하고 이해를 구하는 능력을 갖추어야 하는 시대가 되었다.

정책 결정 과정에서 시민사회단체의 영역은 사회의 민주화와 더불어 언론만큼이나 비중이 커지고 있다. 이익집단의 의견 표출도 매우 활발해 졌고, 더불어 공익적 명분을 앞세우는 시민단체의 영향력도 강화되었다. 교육 분야의 경우도 최대의 이익집단인 교총, 전교조[32] 등을 비롯하여 각급 학교 교장단, 사학법인, 학부모 단체, 교육전문가 단체 등 무수한 교육 연관 이익집단들이 있고, 이외에도 다수의 교육 관련 시민사회단체들이 있다. 이 밖에도 평소에는 조직화되어 있지 않지만 자신의 이익이 위협받거나 교육정책이 그들이 추구하는 입장과 다를 경우 특정한 이해 관계자나 특정 지역의 학부모들도 압력단체가 되어 직·간접적으로 자신의 주장을 표출하게 된다.

따라서 성공적인 정책 추진을 위해서는 이러한 이익집단과 시민단체

---

32) 전교조 초대 정책실장을 지낸 김진경 전 청와대 교육문화비서관조차도 "현재의 전교조는 조합원인 교사들의 이익만 대변해 국민들로부터 괴리되고 고립되고 있다"고 지적할 만큼 과거 교육계 부조리에 일침을 가했던 전교조도 이제는 사회로부터 거꾸로 전교조 스스로의 자기 개혁을 요구받고 있다.

들의 호의적 지원을 극대화하고 적대적 태도를 가능한 한 완화하는 것이 중요하다. 이를 위해서는 이들과 폭넓은 그리고 지속적인 접촉을 통해 정책을 이해시키고 지지와 협력을 얻어야만 한다. 이제는 시민 사회단체들도 보수와 혁신 등 이념적으로도 다양하게 노선이 나뉘어져 있고 주장하는 바도 제 각각인 경우가 많다. 그만큼 정책 추진 과정에서 시민 사회단체의 의견을 하나로 모으고 합의를 구하는 것도 쉽지 않은 일이 되고 있다.

오늘날 교육정책이 당초 의도한 것을 이루지 못하는 것은 정책적 아이디어가 부족해서가 아니다. 오히려 그 아이디어를 추진하는 데 현실적으로 적지 않은 저항과 난관이 있기 때문인 경우가 많다. 정책 추진에 있어서 언론과 시민단체의 중요성이 더욱 커질 것이다.

제 4 장

참여정부 역대 교육부총리와 교육 철학

교수(敎授)하는 자의 권위는 흔히 교육받고자 원하는 자를 해친다.

– 키케로

1. 윤덕홍 부총리 (2003. 3. 7~2003. 12. 24)

1) 재임 기간 주요 교육정책

김대중 정부 5년 동안 7명의 장관이, 김영삼 정부에서는 6명의 장관이 교육부장관 자리를 스쳐갔다. 평균 1년을 못 채울 정도로 풍파가 드센 부서가 교육부다. 노무현 대통령은 참여정부 첫 내각 구성 시 "대통령과 교육부총리는 임기를 같이 하겠다"고 공언하며 윤덕홍 대구대 총장을 교육부총리로 임명했다. 하지만 윤 부총리는 장관으로 취임하자마자 예상치도 못한 교육행정정보시스템(NEIS) 문제로 취임 초기부터 거센 반발에 시달렸다.

NEIS문제는 2003년 4월 충남 서산의 한 초등학교 교장이 기간제 여교사에게 차 심부름을 시킨 것이 문제가 돼 자살한 사건과 맞물려 증폭되면서 교단과 우리 사회를 양쪽으로 갈라놓은 엄청난 파장을 몰고 왔다. 2003년 한 해 우여곡절을 겪은 NEIS는 결국 교육계 구성원 모두에게 상처만을 안긴 채 연말에 가서야 가까스로 봉합되게 된다. 당초 전교조는 NEIS가 개인의 인권 침해 우려가 있다고 폐기를 주장하면서 파문이 커졌고 2003년 5월 국가인권위원회는 전교조의 주장을 대부분 수용해 교무, 학사, 보건, 입학 진학 영역을 제외하고 예전의 CS(Client System) 방식으로 전환하라는 결정을 내렸다. 그러나 교육부가 인권위 권고를 수용하지 않으면서 갈등은 증폭되었고 청와대가 나서 결국 전교조의 요구 대부분을 수용하는 안이 나왔다. 그러나 이번에는 NEIS 강행을 주장해 온 교장단과 교총 등이 강하게 반발하였고 교단은 마침내 둘로 나눠져 폭발했다. 이 같은 교단의 양분 속에 NEIS 문제의 결정은 교육부의 손을 떠나 국무총리실로 넘어가게 된다. 결국 '교무 학사, 보건, 입학 전학 등 3개 영역은 DB서버를 학교별로 나누되 16개 시·도교육청별로 모아 운영하는 시스템을 도입'하는 절충안을 채택하기로 합의함으로써 갈등은 어렵게 봉합되었다.

2003년 9월 건교부가 일방적으로 발표해 물의를 빚었던 판교 학원단지 문제도 윤 부총리를 궁지로 몰았다. 교육부는 지난 국민의 정부 때 건교부가 추진하는 판교 신도시 건설과 관련해 대규모 학원단지 추진을 검토하기로 합의하였으나 윤 부총리는 이러한 사실을 제대로 보고받지 못해 건교부의 발표를 전면 부정했고, 결국 국정감사장에서 야당 의원들이 건교부와 교육부가 합의한 문서를 공개하는 바람에 졸지에 '업무 파악도 못한 장관'이라는 비난을 받았다.

이후 법원이 내린 학생부 CD 배포·금지 가처분 결정도 마찬가지였다. 법원의 결정을 존중하면서도 대입 일정에 차질을 빚지 않는 방법을 찾았어야 하는데 실무 공무원들이 "소송을 낸 3명을 빼고 CD 제작을 강행하겠다"고 주장한 것을 수용하여 이를 언론에 발표함으로써 사법부에 정면으로 맞서는 모습을 보였고 결국 모든 국민적 비난은 윤 부총리에게 돌아갔다. 그 해 연말 입시학원에 적을 둔 사람이 수능 출제위원으로 들어 간 것이 언론에서 논란이 되고 사상 유례 없는 수능시험 복수정답 파문이 발생함에 따라 '임기를 같이 하겠다'는 노무현 대통령의 공언은 10개월도 못되어 접을 수밖에 없었다.[33)]

윤 부총리 재임 시절 많은 갈등이 언론 등을 통해 표출되긴 했지만, 드러나지 않은 교육 성과도 많았다. 윤 부총리는 우선 임기 내내 교육부와 교육정책의 자기 혁신을 강조했다. 취임식 때 '장관을 핫바지 만드는

33) 외형상으로는 문책성 경질 성격의 개각이었으나, 사실 윤 부총리에 대한 대통령의 각별한 신임으로 볼 때, 열린우리당과 청와대 측의 국회의원 총선 출마를 위한 선거 징발성 개각이었다.

곳이 교육부라더라'는 직설적 표현도 하면서 교육부를 질타하긴 했지만, 인사권을 휘둘러서 관료 조직을 통제하는 종전의 방식이 아닌 교육관료 스스로가 일하는 스타일을 바꿀 수 있도록 조직의 자기 혁신과 교육정책의 체질 개선을 유도한 점은 높이 평가받을 만하다. 또한 장관 직속으로 국민참여센터를 설치해 국민들의 정책에 대한 요구를 수렴하고 교육행정의 지방 이양 작업과 지방대 육성을 위한 기초 연구도 차근차근 준비하였다. 무엇보다 비리 사학 척결을 위해 사학 비리 전담 감시 기구를 설치한 것은 당시 정치 역학 관계상 사립학교법 개정이 어려운 상황에서 사학의 투명성을 지켜 내기 위한 드러나지 않은 참여정부 교육정책의 큰 성과라고 하겠다.

2) 장관의 교육 철학과 교육정책

"평준화 원칙이 흔들려서는 안 됩니다. 의무교육에 어떻게 경쟁을 붙이고 공부 잘하는 애들만 따로 모아서 특별한 학교를 만들어 교육시킬 수가 있나요? 고교 입시 부활에 대해서는 전혀 생각해 본 적이 없습니다." 한 언론사와의 인터뷰에서 언급한 윤 부총리의 교육정책에 대한 단호한 입장이다.

교육 이슈를 둘러싼 논란의 배후엔 교육에 대한 철학이 버티고 있다. 교육 공공성을 강조하느냐, 교육 시장화를 우선으로 하느냐 하는 관점 차이에 따라 평준화 보완과 수능 개편 등에 대한 입장과 평가도 엇갈리기 마련이다. 이런 점에서 윤 부총리의 평준화와 대학입시에 대한 발언을 살펴보면 그는 분명히 '교육의 공공성을 강조하는 사람'이다. 한 언론매체와의 인터뷰[34]에서 윤 부총리는 자신의 속마음을 특유의 어투로 털어

34) 2003년 12월 1일 오마이뉴스와의 언론 인터뷰 참조.

놓은 적이 있다. “사실 많은 사람들이 나를 시민단체에서 밀어준 장관이라고 말하는데 정말로 밀어줬으면 좋겠습니다. 기존 세력들은 나를 백안시하고 전교조 등 한쪽에서는 나를 등한시한다. 나는 설 자리가 없다. 하지만 그 중간에서 한쪽 편을 들기보다는 합리성 있는 정책을 갖고 승부해 나갈 것이다”

윤 부총리는 대구 경북고와 서울대 사회교육과를 나와 일본 동경대에서 사회학 박사 학위를 받았다. 이화여고에서 10년 가까이 교사로 교편을 잡았으며, 이후 1989년부터 대구대 교수로 근무했다. 대구대 분규 사태로 인해 1995년 다시 하게 된 총장 선거에서 한 표 차이로 총장에 당선됐지만 재단으로부터 부당하게 해임을 당했다. 하지만 2000년 총장 선거에서 40표 차이로 다시 9대 총장에 당선되는 뚝심을 보였다. 왜소한 체구에 동네 할아버지 같은 푸근한 인상이지만 한번 마음먹은 일은 밀어붙이는 강단이 있다.

그러나 윤 부총리에 대한 비판도 만만치 않았다. 일부에서는 취임 초기부터 평준화와 교육행정정보시스템 등 교육 현안에 대해 오락가락해 교육계 혼란을 부추겼다고 지적한다. 평준화가 집값 폭등의 주범이라고 주장하는 서울시장과 정부 내 경제부처에 교육정책의 주도권을 빼앗긴 것이 아니냐고도 비판한다. 그리고 일부에서는 잇따른 돌출 행동으로 교육 관료들과 갈등을 빚는 등 조직 관리 측면에서도 문제가 있다고 말한다. 이에 대해 윤 부총리는 “일부 언론 때문에 나의 진의가 국민들에게 왜곡되어 비쳤을 뿐, 내가 왔다 갔다 한 것은 없다”며 이러한 주장에 동의하지 않았다.

윤 부총리는 ‘참여정부 및 노무현 코드’에 가장 충실해 왔다는 평가를 받고 있다. 대표적인 사례가 평준화 해제와 교육개방 논란 과정에서 참여정부가 제시한 가이드라인을 잘 지켜 냈다는 것이다. 매년 반복되어 온 사학 비리와 분규에 대해서도 감사를 통해 분규를 매듭짓고 정상화의 길을 마련한 것은 그의 특유의 강단 있는 추진력 때문에 가능했다.

수능시험을 막 치른 학생들에게 격려의 말씀 한 마디 해 달라는 어느 기자의 요청에 윤 부총리는 그의 교육 철학이 묻어나는 담백한 말로 다음과 같이 말한 바 있다.

"수능 그걸 좀 잘못 쳤다고 해서 지금 가고 싶은 대학에 못 간다고 인생이 변하는 사회는 이제 고쳐질 것입니다. 긴 눈으로 인생을 살면 일류대학 입학 못한 것이 그렇게 중요한 것은 아니라는 사실을 알게 됩니다. 명문대학 안 가도 행복한 세상을 만들겠습니다. 긴 눈으로 인생을 설계했으면 합니다. 힘내세요!"

2. 안병영 부총리 (2003. 12. 24~2005. 1. 4)

1) 재임 기간 주요 교육정책

참여정부 초대 윤덕홍 부총리가 NEIS(교육행정정보시스템) 파동과 수능시험 복수 정답 파문 등으로 중도 하차한 이후 취임한 안병영 부총리가 교육정책의 방향을 '안정 속 개혁'으로 잡은 뒤 가장 먼저 관심을 기울였던 사업은 사교육비 경감 대책이었다. 그 결과 2004년 2월 17일 EBS 수능방송 및 인터넷 수능 강의, 2008학년도 이후 내신 위주 대입 전형 실시, 방과후 수준별 보충학습 허용, 경시대회 폐지, 교사평가제 실시 등을 주요 내용으로 하는 2.17사교육비 경감 방안을 발표하게 된다.

이를 추진하는 과정에서 '조조 및 야간 자율학습'이 부활되려는 움직임을 보이자 강력하게 막았고 EBS 수능강의의 효율성을 지적하는 목소리가 일자 "수능시험과 연계하고 학원강사를 대거 강의에 출연시키겠다"며 정면 돌파했다. EBS 수능강의가 국가에서 실시하는 사교육이 아니냐는 비판에 대해서는 "EBS 수능강의는 단기적인 처방책으로 급한 불을 끄기 위한 '해열제'일 뿐"이라며 논쟁을 비켜 갔고, 4월 1일 수능강의 개시를 코앞에 두고 인터넷 접속 대란을 우려하는 목소리가 커지자 진대제 당시 정통부장관과 함께 전 국민의 협조를 당부하는 담화문을 발표하기도 했다.

안 부총리에게 있어서 2004년은 별로 기억하고 싶지 않은 해로 남아 있을지도 모른다. 사상 초유의 핸드폰을 이용한 수능시험 부정 행위 사건을 비롯해 고교등급제 및 내신 부풀리기 공방, 사립학교법 개정 논란 등으로 '교육계의 치부'가 적나라하게 드러났던 해였다. 모든 교육 이슈에 대해 교육당국과 교원, 학부모, 시민단체, 대학, 언론 등이 서로 무차별적으로 상대방을 공격하고 상처를 주었다. 안 부총리는 취임 1주년을 기념한 기자간담회에서 "교육은 본질이고 본원인데 파생적인 문제만 터지다 보니 신뢰만 잃고 제대로 일도 할 수 없었다. 교육이 사건화되면 본질은 바래기 쉬운 만큼 잘 보살피고 물을 줘야 신뢰도 얻고 교육도 되살아난다"고 말했다. 교육계 구성원들 간의 상호 신뢰 회복이 어떤 정책보다도 우선되어야 함을 본인이 직접 절감한 것이다.

매년 부동산 시장 안정화 문제가 나올 때마다 불거졌던 평준화 논쟁이 2004년에도 재연되었다. 2004년 1월 말 서울대 한 연구소가 서울대 입학생의 사회·경제적 특성과 평준화 제도를 결부시킨 보고서를 발표하자 평소 평준화 제도를 폐지 또는 제고해야 한다고 주장하는 정운찬 당시 서울대 총장과 경제계, 그리고 반대편에서 이를 유지해야 한다고 강변하는 교육계가 이를 계기로 맞붙어 평준화 논란이 재연된 것이다. 수월성 교육이냐, 평등교육이냐를 놓고 결론 없는 말싸움이 계속 오갔다. 평준화 논쟁은 그 후에도 교육계가 잊을 만하면 또 다른 곳에서 꼬리를 물고 계속됐다.

국회 교육위 한나라당 이주호 의원이 당시 한국개발연구원(KDI)에서 근무하던 2월 말 "비평준화 고교를 다니면 그 자체로 전국 석차가 오르는 효과가 있다"는 연구 결과를 발표하면서 또 다시 교육계를 들쑤셔 놨다. 교육계의 이념 갈등이 가장 첨예하게 드러난 것은 사학 개혁을 둘러싼 보혁 갈등으로 교육부가 2004년 7월 국회 업무보고를 통해 사립학교 교직원 임면권을 학교장에게 넘기고 비리 관련자의 복귀 제한을 강화하며 친인척 이사의 비율을 대폭 줄이는 것을 골자로 한 사학법 개정안을 공개하자 '양쪽' 모두 곧바로 벌떼처럼 일어나 '밥그릇'을 건 혈투에 돌입했다. 2004년 8월 26일 '2008학년도 대입제도 개선안'을 내놓은 직후 터진 고교등급제와 내신 부풀리기 공방은 교육 주체 간 불신의 골이 얼마나 깊은지 그대로 보여줬다.

안병영 부총리도 취임 9개월이 되던 2004년 10월초 'K형'에게 보낸 공개 서한문에서 "하루하루를 정말 천 날처럼 힘겹게 보냈습니다. 언제나 소용돌이의 한 가운데에 있는 느낌이었고, 밖에서는 평온하게 보일 때도 안에서는 매일 지뢰밭을 걷는 기분이었습니다"라고 당시 본인의 심정을 술회한 바 있다. 2004년은 교육 문제를 둘러싼 이념적 대립과 교육 주체 간 입장 차이로 쉽게 회복할 수 없는 상처를 모두가 입었으며 모든 사안에서 첨예하게 대립하는 시기였다.

2) 장관의 교육 철학과 교육정책

안병영 부총리는 한국 행정학계를 대표하는 학자이며, 정부 수립 이후 처음으로 교육부장관에 두 번 임용된 진기록을 보유하고 있다. 대학에서 안 부총리의 관심 영역은 복지 정책, 관료제도론, 비교 행정, 행정 철학

등이었다. 교육부장관과 교육부총리 재임 중 대안학교 제도화, 교육 소외계층에 대한 배려 등 유독 교육복지를 강조했던 것은 이와 무관하지 않다. 또한 안 부총리는 대학에서 비교론적 시각에서 행정 현상 분석에 관심을 보여 왔는데, 이에 기반한 행정에 대한 깊이 있는 이해가 대학교수에서 장관으로 성공적으로 변신하게 한 밑거름이 된 것으로 보인다. 이러한 점은 2004년 2월 한 언론과의 인터뷰[35]에서 참여정부와 코드가 맞지 않는 코드 파격 인사가 아니냐는 질문에 대해 "나라를 위하는 일이면 절대 코드는 서로 없다고 생각합니다. 그리고 전 기본적으로 대중교육과 엘리트교육 중에 말하자면 양자택일 하자는 이런 접근에는 동의하지 않습니다. 슬기롭게 접합시키는 것이 본래 이 시대적 과제라고 생각합니다"라고 말했다. 안 부총리의 교육 철학을 잘 읽을 수 있는 대목이다.

안 부총리는 서울에서 출생했으며, 경기고를 졸업했고 연세대에서는 정치외교학을 전공했다. 서울대학교 행정대학원을 졸업한 후 오스트리아 비엔나대학에서 정치학 박사 학위를 취득하여 72년부터 한국외대에서 처음 교수직을 수행했으며 75년부터는 연세대에서 교수로 재직 중이다. 오랫동안 주요 일간지에 칼럼을 기고해 왔으며, 2003년에는 인터넷 신문인 '업 코리아'를 창간하고 대표를 맡아 활동했을 만큼 언론에 대한 이해도 깊은 편이다. 김영삼 정부 시절인 1995년 12월부터 1997년 8월까지 교육부장관직을 수행할 때, 국 · 영 · 수 위주의 본고사 폐지, 학교생활기록부 필수 전형 자료화, 학교운영위원회 도입 등을 골자로 한 "5.31 교육개혁안"을 큰 무리 없이 정착시킨 바 있으며 특히 초등학교 영어교육을 성공적으로 도입했고 e-러닝 등 교육 정보화의 기틀을 잡았다. 2004년 교육부총리로 다시 재임하면서 국민들에게 많은 경제적 부담과 고통을 주어 왔던 사교육비 문제를 해소하고자 안 부총리가 야심차게

35) 2003. 12. 26 MBC 라디오 손석희의 시선집중 인터뷰 내용 참조.

추진했던 EBS 수능강의와 e-러닝의 실시는 앞선 정보통신기술을 학교교육에 접목하여 새로운 교육 패러다임을 창조했다는 호평을 듣기도 했다.

원칙을 중시하면서 합리적이고 치밀하게 열정을 갖고 업무를 추진하는 스타일로 이런 점은 당시 교육부총리 취임사에도 잘 나타난다. “저는 사사로운 인정이나 그럴듯한 이념, 혹은 명분보다 일을 중시하고, 실사구시(實事求是)를 추구하는 사람입니다”(2003년 12월 24일 취임사). 안 부총리는 교육 문제에 있어서만큼은 경천동지할 전면적인 개혁보다는 합리적이고 점진적인 접근을 선택한 것이다. 그는 국회 상임위원회에서도 국회의원들과 유연하게 타협하거나 정치적으로 대응하기보다는 원칙을 내세우며 그들을 논리적으로 설득하려는 시도를 자주했다. 그러다 보니 의원들은 안 부총리가 국회를 ‘대학 강의실’로 착각하고 있다고 불만을 토로하곤 했다. 제17대 국회 상임위원회에서 사회를 보던 권철현 교육위원장이 “장관! 여기에 강의하러 온 것이 아닙니다”라고 언성을 높이며 불쾌감을 표현한 것도 바로 그러한 예였다.

안 부총리에게도 시련은 적지 않았다. 2004년 6월 24일 한 언론은 안 부총리가 울산에서 시・도교육감들과 함께 저녁식사를 하면서 고급 양주 파티를 벌였다고 크게 보도했다. 당시 이라크에서 김선일씨의 죽음으로 인해 전 국민이 애도하는 사회적 분위기를 감안하면 국민 여론을 자극할 수 있는 보도였기에 결국 안 부총리가 공식적으로 유감을 표명하면서 일단락이 되었다. 유사한 사건은 또 있었다. 앞서 2004년 4월 안 부총리의 며느리를 서울대 홍보실 직원(1년 계약직 직원)으로 취직시키기 위해 현직 교육부 국장이 서울대 측에 청탁 전화를 한 사실이 언론에 일제히 보도됐다. 당시 청와대는 ‘취업청탁 전화’ 보다 오히려 교육부 간부들이 언론 보도가 나지 않도록 해당 언론사에 로비를 펼친 것에 대해 교육부가 참여정부의 ‘가판 구독 금지 및 기사 로비 금지

원칙'을 어겼다고 지적하여 경위 파악에 나서는 등 강한 문책을 요구하였다. 이 문제는 당시 안 부총리의 해명에도 불구하고 청와대 측의 강력한 요구로 전화를 건 담당 국장이 대기 발령에 조치되는 등 안 부총리의 권위에도 흠집이 남고 말았다. 원칙과 명예를 무엇보다도 중시했고 개인적으로는 술을 단 한 잔도 못하는 안 부총리로서는 억울하고 황당한 사건이었지만 고위 공직자의 몸가짐이 얼마나 조심스러워야 하는지 생각하게 한 단적인 사례였다. 이를 계기로 안 부총리와 청와대 386 행정관과의 갈등은 더욱 심화될 수밖에 없었다.[36]

2004년 11월 17일 광주 지역 수능시험장에서 처음 적발된 수능시험 부정 행위는 그 조직적이고 치밀한 작전 때문에 어른들조차 경악했고, 수능 부정 대물림까지 적발되면서 국가 시험 관리 · 감독의 허술함 등이 여론의 도마에 올랐다. 결국 1994년 수능시험이 도입된 이래 가장 많은 314명의 시험이 무더기로 무효 처리되었고 안 부총리도 재임 1년만에 중도 하차하게 되는 결정적 이유가 되었다. 안 부총리의 중도 하차에 대해서는 수능 부정 파동이 직접적 원인이 되었지만, 간접적으로는 2008 새 대입제도 개선안 마련을 둘러싸고 내신 및 수능 1등급 대상자 비율 선정 논의 과정에서 여당 및 청와대 측과의 의견 충돌과 대학 구조조정 및 특성화 정책을 둘러싼 정책적 이견도 장관 경질의 또 다른 이유이기도 했다.

"수능 부정은 감독 체계의 문제가 아니라 '교육의 실패'를 보여줬기 때문에 책임지라면 책임질 각오가 돼 있다"는 당시 안 부총리의 말이 결국 현실화된 셈이 됐다.

---

36) 당시 논란의 당사자인 안 부총리 며느리는 2006년 봄 지병으로 세상을 떠나 주위를 안타깝게 했다.

3. 김진표 부총리 (2005. 1. 28~2006. 7. 21)

1) 재임 기간 주요 교육정책

이기준 부총리(2005. 1. 5~2005. 1. 10) 인사 파동[37] 이후, 한 동안 교육부총리는 임명되지 못했다. 한때 민주당 김효석 의원이 교육부총리로 유력하게 검토되었으나, 민주당에서 정치적인 이유를 들어 강력히 반발함에 따라 김진표 신임 부총리가 임명되기까지 교육부총리 공석은 약 한 달간 계속됐다. 그 즈음 노무현 대통령은 공개적으로 "대학은 바로 산업이고 산업이 돼야 한다"고 하면서 "대학의 구조조정 및 소프트웨어 개선에 어떤 분이 적합한지 고심하고 있다"며 신임 부총리의 인선 기준을 간접적으로 밝힌 바 있다. 청와대가 고심 끝에 임명한 분이 김진표 열린우리당 의원(前 경제부총리)이었다.

경제 수장이 교육 수장을 맡은 것도 이례적이었다. 고교평준화 정책, 교육시장 개방 등에서 그 동안 경제계와 교육계의 논리가 첨예하게 맞섰고 김진표 부총리가 재경부총리 시절에 사실상 그 선봉에 서서 경제계 주장을 대변했던 점을 감안하면 그의 '경제 마인드'가 교육정책에 어떻게 투영될지는 당시 교육계의 가장 큰 관심사였다. 이러한 점을 감안해서인지 김 부총리는 2005년 1월 27일 취임 기자회견에서 "경제부총리로 있을 때는 경제부처에서 본 교육의 바람직한 방향을 이야기할 수밖에 없었지만 교육을 경제적인 효율성만으로 재단하려는 생각은 없다. 앞으

37) 대학혁신과 대학교육 개혁을 강조한 노무현 대통령의 부총리 인선 기준에 따라 임명된 이기준 부총리에 대해 언론은 판공비 과다 지출, 사외이사 겸직 문제, 장남 병역 의혹 등 도덕적 문제를 꾸준히 제기했고 결국 3일만인 1월 7일 사의(2005. 1. 5~1. 10)를 표명한다.

로 공공성과 효율성을 조화할 수 있는 정책 대안을 마련할 것"이라고 말했다. 그리고 그는 최우선 정책 과제로 대학개혁을 제시했다. 김 부총리는 취임하자마자 "세계적인 연구 중심 대학을 15개를 만들어야 하며, 이러한 대학구조개혁에 5조원 정도 투입돼야 한다"며 대학구조개혁의 비전을 취임 일성(一聲)으로 제시하였다. 그리고 취임한 지 두 달도 안 된 2005년 3월 25일 대통령 업무보고에서 "2007년까지 50개 국립대학을 35개로 줄이겠다"고 발표한다. 실제 김 부총리는 재임 기간 중에 10개 국립대학(전남대－여수대, 강원대－삼척대, 부산대－밀양대, 공주대－천안공대, 충주대－청주과학대)을 통폐합하였다. 그리고 8개 사립대학(가천의대－가천길대, 고려대－고려대병설 보건대, 삼육대－삼육의명대, 동명정보대－동명대)에서 통합을 진행시켰다. 인구 감소에 따른 지방대학의 정원미달 사태와 대학 전공별 인력 수급 불균형 등이 이러한 정부의 대학구조개혁에 힘을 보탰다.

하지만 경제 관료 출신의 교육부총리가 추진한 대학 구조조정 치고는 그 성과가 미흡하다는 지적도 꾸준히 제기됐다.[38] 일부 대학들이 통폐합을 위한 양해각서(MOU) 체결 등 가시적인 성과를 내긴 했지만, 많은 경우 대학구성원 간 이해관계 대립으로 통합이 표류하고 있거나 막대한 비용에 비해 통합의 실제 효과가 미미한 경우도 적지 않았던 것이다. 대학 현장에서도 국회 차원의 특별법 제정 등 별도 제도적 장치 없이 추진되는 대학구조개혁에 대해 회의감이 들기 시작했고, 정부의 장기적인 재정 지원 확보 능력에 대한 불신은 부정적 요인으로 작용했다.

김 부총리가 취임했을 당시 가장 큰 사회적 이슈는 '학교폭력' 문제였다. 2005년 2월 당시 중학교 한 교사가 일진회의 실상을 담은 보고서를

38) 주로 경제계에서 나온 목소리로서, 한 예로 2006년 4월 대한상공회의소는 '수요자 지향형 대학교육 개혁 방안' 발표를 통해 보다 적극적이고 강도 높은 대학 구조조정 정책을 정부측에 요구했다.

경찰청에서 주최한 한 토론회에서 폭로한 것을 계기로 초등학교까지 파고든 소위 '왕따'와 '일진회' 문제가 전국을 떠들썩하게 했다. 학생 간 교내 폭력 문제가 사회 이슈로 부각되면서 정부도 '학교폭력'을 정책 용어로 공식 사용하게 된다. 당시 이해찬 국무총리는 학교폭력을 조직 폭력, 사이버 폭력, 정보지 폭력과 함께 4대 폭력으로 규정하고 근절 대책을 지시하게 된다. 김 부총리가 당시 허준영 경찰청장과 함께 발 빠르게 대국민 담화문 발표를 통해 '학교 내 폐쇄 회로(CCTV)' 설치와 '학교 경찰제(스쿨폴리스) 시범 도입'이라는 정책 아젠다를 선점·발표 함으로써 정부가 정책 이슈 해결에 주도권을 쥘 수 있었다. 실제 부산에서는 2005년 4월에서 7월까지 초등 1교, 중·고교 각 3교씩 총 7개교에서 퇴직 교원이나 경찰관으로 구성된 학교폭력예방활동대의 지원을 받는 스쿨폴리스제 시범운영을 실시하였다. 근무 형태는 학교장 지시를 받아 사복 정장 차림으로 교내·학교 주변 취약 지역을 수시로 순회하면서 관찰·지도 및 선도를 하는 방식이다. 학부모들의 관심이 컸으며 호응도 좋았다. 그러나 일부에서는 학생과 교사의 인권을 침해할 수 있고, 학교폭력을 더욱 음지로 몰고 갈 수 있다는 점에서 이 제도의 도입 필요성에 대한 논란은 계속되었다.

김 부총리가 이후 초·중등교육 분야에 관심을 둔 것은 교원평가와 방과후 학교였다. 김 부총리는 2005년 11월 4일 교원평가 48개 학교 시범 실시를 전격 발표하게 된다. 정부와 교원단체, 학부모단체로 구성된 특별협의회 논의가 합의에 이르지 못했지만, 교원단체의 반발에도 불구하고 교원평가 시범운영을 강행할 만큼 부적격 교원 퇴출 및 교원평가에 대한 김 부총리의 의지는 매우 강했다. 방과후 학교는 김 부총리가 2003년 대통령직 인수위원회 부위원장으로 재직할 때부터 대통령께 제도 도입을 주장한 정책으로 학원측의 강력한 반발에도 불구하고 노무현 대통령의 전폭적인 지지를 바탕으로 2006년 전격 도입을 결정하게 된다.

김 부총리는 취임 1년이 지난 한 특강에서 "교육부총리가 경제부총리보다 10배는 더 힘들다"며 교육부총리 생활을 평가한 바 있다. 그는 또 "국무총리가 '교육부총리는 왕 3D부총리'라고 했는데 교육에 대해서는 모든 국민의 이해관계가 첨예하게 갈리기 때문에 정말 힘들다"고 속마음을 토로하였다.

실제로 취임 1년이 넘어서면서 교장 공모제로 대표되는 교원 인사 개혁안은 교원단체의 반발로 흐지부지되어 갔고 내신 반영 비율 확대를 핵심으로 하는 2008학년도 대입제도도 대학들의 반발로 적지 않은 잡음이 있었다. 교육 양극화 해소 차원에서 야심차게 추진했던 방과후 학교는 전교조와 학원측의 반발로 추진 과정에 동력(動力)을 소진하고 있었고 국회도 2005년 12월 방과후 학교 관련 내용을 담은 초중등교육법 개정안을 통과시켜 주지 않았다. 법안 통과와 상관 없이 방과후 학교는 시행될 수 있었지만 향후 안정적인 재정 지원에 차질이 우려되는 게 사실이었다.

2006년 6월 연속해서 발생한 외국어고 모집 제한 논란과 최악의 학교 급식 식중독 사고는 사회적으로 큰 파장을 일으키게 된다. 2006년 6월 19일 정부가 발표한 공영형 혁신학교[39] 정책은 사실 언론에 제대로 평가받지 못했다. 외국어고 학생 선발 응시 지역을 별도 유예 기간 없이 해당 광역 지자체 지역으로만 제한하겠다는 부수적인 발표가 이해당사자들을 더 자극하게 되면서 공영형 혁신학교에 대한 논의는 뒷전이 되어 버렸다. 지난 5.31지방선거 과정에서 많은 지방자치단체장 후보들은 외고, 자사고를 입시 명문학교로 인식하고 이들 학교의 신설을 공약했고 그 수는 110개에 이르렀다. 평준화 정책을 중등교육 정책의 기본 틀로 인식하는 참여정부가 평준화 해체를 유발하는 이 문제를 더 이상 방치할

39) 공영형 혁신학교는 이후 '개방형 자율학교'로 명칭을 변경하게 된다.

수 없었다. 결국 자립형 사립고의 대안으로 검토하여 탄생한 것이 바로 공영형 혁신학교였다.[40] 기존의 공교육에 만족하지 못하는 학생과 학부모들에게 대안이 되도록 하겠다는 김 부총리의 발언은 안타깝게도 “외고에 대한 지역 제한 정책이 청와대가 사전 개입해서 만든 조치인지 아니면 교육부의 독자적 판단에 의한 정책인지”에 대한 공허한 논란만을 남긴 채 발표와 동시에 뒷전이 되어버렸다.

결국 김 부총리는 최악의 대규모 학교 급식 사고에 대해 대국민 사과를 표명하면서 6월 30일 사의를 표명하게 된다. 김 부총리는 사의를 표명하는 자리에서 일부 언론들이 ‘자기 딸은 외고를 보내 놓고 이제 와서 외고가 잘못됐다 하느냐’는 식으로 감정적으로 보도한 것에 대해 기자들에게 서운함을 토로하기도 했다. 그는 퇴임 기자회견 시 “외고 정책은 정부 내에서도 의견을 모았기 때문에 제가 바뀌더라도 외고 모집 제한 방침을 유예하는 등의 변경은 없을 것”이라고 말했다. 그러나 2006년 7월 후임 김병준 교육부총리 내정자가 국회 인사청문회 과정에서 외국어고에 대한 지역 제한 조치를 2010학년도로 2년간 유예하겠다고 밝힘에 따라 그의 확신은 실현되지 못했다. 김진표 부총리가 외고 응시 자격을 시·도 단위로 제한하겠다고 전격 발표한 지 꼭 한 달 만이었다. 정부 교육정책의 신뢰도는 또 한번 비난을 받을 수밖에 없게 되었다.

2) 장관의 교육 철학과 교육정책

김 부총리는 경기 수원에서 출생했으며, 경복고를 졸업했고 서울대

40) 공영형 혁신학교는 한 마디로 사교육에 의존하지 않고 자기주도적 학습방법을 통하여 학생 개개인의 창의력·역점을 두는 미래 지향적 학교 운영 모델이다. 공영형 혁신학교는 전체 고등학교의 교육력을 제고를 위한 혁신적 모델을 창출하고 이를 일반화하는 것을 목표로 하고 있기 때문에, 평준화 지역 여부와 관계없이 학생 모집 지역, 방법 등에 있어서 일반 학교와 동일하다.

법학과를 나왔다. 행시 13회로 국세청에서 출발해 세제 분야 요직을 두루 거쳤다. 맡은 일에 온몸으로 부딪치며 상대방에게 감동을 주는 성실한 대인관계와 설득을 통해 문제를 해결하는 돌파력이 돋보였다. 김 부총리는 어려운 처지를 당한 사람을 보면 그냥 넘어가지 않았다. 교육부총리 시절 아무리 바빠도 문상은 거르지 않았다. 소문난 효자로 지금 모시고 있는 모친이 친어머니가 아니라는 사실이 17대 국회의원 총선 과정에서 밝혀져 주위를 놀라게 했다. 1993년에 특명을 받고 금융실명제를 기획 · 추진할 때에 아내도 모르게 금융실명제를 추진한 탓에 장인조차 거액의 토지초과이득세를 피할 수 없었다는 사실은 그의 일처리에 대한 일면목을 보여준다.

김 부총리는 취임 당시부터 화려한 스포트라이트를 받았다. 대학 총장이나 교수 출신이 주로 차지해 온 교육 수장 자리에 처음으로 경제부총리 출신이 발탁된 것 자체가 국민들에게 신선했다. 이 때문에 '교육 비(非) 전문가'라는 초기 비난에도 불구하고 적극적이고 성실한 자세로 인해 참여정부 기간 중 최장수 교육부총리라는 기록도 남겼다. 재임 초기 시 · 도교육청이 3조 원의 지방채를 발행하는 등 교육 재정이 썩 좋지 않았다. 경기 침체로 국가 교육세가 1조 원이나 미납되었고, 300가구 이상 아파트 입주자에게 학교용지부담금을 부과토록 한 '학교용지확보에 관한특례법'이 위헌 판결 난 것도 교육 재정 부담을 가중시켰다. 이러한 어려운 여건 속에서도 행정자치부를 설득하여 교원 정원을 전년도보다 두 배가 넘는 1만1천 명으로 증원한 것과 경제부처와 국회를 설득하여 학교에 공급되는 교육용 전기 요금을 16.2%나 인하토록 한 것은 김진표 부총리 개인의 정치적 역량이 컸음을 부인할 수 없다.

하지만 김 부총리에 대한 언론계의 공격도 적지 않았다. 비난의 요지는 대체로 "교육 철학의 부재(不在) 또는 잦은 말 바꾸기"였다. 일부언론들은 "김진표 부총리가 임기 내내 본인의 정책 의지보다는 청와대 뜻에 따라 정책 입장을 자주 변경했다"고 공격했다. 그 근거로 "당초 경제부총리 시절 자립형 사립고 확대에서 불가(不可)로 변경하였고, 영어마을 설립 찬성에서 지자체 추가 설립 반대로, 개정 사립학교법에 대해 신중에서 적극 찬성 입장으로, 서울대 통합교과형 논술에 대해 긍정적에서 우려 입장으로 변경"했다고 한다. 전임 부총리와 마찬가지로 김 부총리도 교육 수장을 맡은 뒤 언론과 교육단체의 공격을 한 몸에 받은 것이다. 이에 대해 김 부총리는 퇴임 기자회견에서 "누구 코드에 맞추고 개인 영달을 위해 소신을 바꾼다는 혹평을 받았는데 내가 옳다고 생각한 정책을 추진한 것일 뿐 자리에 연연하지 않았다"고 해명하였다.

교육 주체 상호 간의 불신만이 팽배한 우리 나라 교육 현실을 감안할 때 교육정책에 과연 모범 정답이라는 것이 존재할까? 필자는 이에 동의하지 않는다. 많은 경우 우리는 정답이라고 생각하는 정책 아이디어가 부족해서가 아니라 그 아이디어를 책임 있게 정책화하고 이를 실체화하는 데 실패해 왔다. 교육정책이 지금까지 소위 성공을 거두지 못한 이유다. 물론 교육 수장에 있어서 분명한 교육 철학과 일관성 있는 언행은 매우 중요한 것이 사실이다. 그러나 한 나라의 교육정책을 책임지는 수장이 과거 명분의 거품이나 자기 고집에만 안주하지 않고 국민의 기대와 열망을 수용하여 자신보다는 국가나 조직의 이익을 앞세울 수 있는 것도 이 시대가 필요로 하는 진정한 CEO의 자세일 것이다.

김 부총리는 퇴임식에서 "초·중등교육 단계에서는 인성과 창의성 교육을 중심으로 형평성을 추구하되 다양성과 수월성 교육의 보완을 통해 경쟁 요소를 가미해야 하고 대학교육 단계에서는 치열한 경쟁이 필수적"이라며, "누가 집권을 해도 우리 나라 교육 상황에서 고교 평준화에 어긋나는 입학시험 부활은 하지 못할 것"이라고 교육정책을 바라보는 개인적 소회를 밝히고, 본연의 국회의원 신분으로 돌아갔다.

4. 김병준 부총리 (2006. 7. 21~2006. 8. 9)

국민대 교수 출신으로 청와대 정책실장을 지냈으며 노무현 대통령의 신임이 두터운 터라 모두가 오래 머물 것으로 믿었는데 뜻밖에도 한 달을 채우지 못하고 떠났다. 취임한 지 열흘도 안 돼 교수 시절 작성한 논문에 대한 표절과 중복 게재, 연구비 이중 수령 등의 의혹으로 언론으로부터 집요한 사퇴 압력을 받았다. 김병준 부총리는 한양대와 국민대의 학술지에 중복 게재한 논문을 BK21 사업 연구 실적으로 제출한 점에 대해선 직접 사과했으나, 제자 논문 표절 등 다른 의혹에 대해서는 적극적으로 반박·해명하며 국회 청문회를 공식 요청하였다. 그런데도 연구비 이중 수령 등 '도덕성 논란'은 계속되었으며, 김 부총리는 2006년 8월 1일 전국에 TV 생중계로 방송된 국회 교육위원회 청문회에서 지금까지 제기된 의혹에 대한 본인의 입장을 설명한 후, 그 다음날 "대 국회 관계와 당청 관계에 부담을 주고 싶지 않다"며 사의를 표명한다.

당시 한나라당은 성명을 통해 "김 부총리의 논문 성과 부풀리기는 학자로서의 양심을 저버린 부도덕한 일"이라며 비난했지만, 학자 출신 일부 한나라당 의원들 사이에서조차 학회지와 교내 학술지에 논문을 동시에 발표하는 것은 일종의 관행이었다는 점 등을 들어 더 이상 정치 쟁점화하지 말아야 한다는 의견도 있었다. 어쨌든 김 부총리로 불거진 이번 논란으로 인해 학계 내부는 자기 반성 및 연구 윤리의 객관적 기준을 마련하는 계기가 된 것이 사실이다.

김병준 부총리는 취임사에서 "대학의 구조개혁을 통한 경쟁력 강화를 지속적으로 추진하고 대학평가 시스템이 제대로 갖춰지도록 하겠다"며,

“우리 사회가 필요로 하는 인적자원을 효율적으로 양성 관리하는 것은 이제 국가 생존과 직결되는 매우 중요한 문제”라며 대학구조개혁에 대한 강한 의지를 내비쳤다. 김 부총리가 교육부총리로 취임 후 첫 번째 외부 행사를 전경련 등 경제단체장과의 토론회로 잡을 것을 교육부 간부에게 지시하는 등 고등교육개혁에 대한 그의 의지는 사실 남달랐다.

그는 퇴임사에서도 “입시 문제와 교육기관의 지배 구조 문제 등에 치우쳐 있는 교육 관련 의제를 교육과 연구, 그리고 인적자원 정책 등이 제대로 균형을 이루는 체제로 다시 정리하겠다는 생각이 있었다. 잘 되면 사교육비 문제, 재수생 문제, 실업고 문제 등을 함께 풀 수 있을 것으로 보았다”며 취임 당시 교육부 수장으로서의 첫 각오를 회고하기도 하였다.

그만큼 교육 혁신, 특히 대학 개혁에 대한 의지가 강했으나 뜻하지 않은 암초에 걸려 그의 교육부총리로서의 포부는 단지 꿈으로 끝난 꿈이 되어버렸다.

노무현 대통령은 김병준 부총리가 퇴임식을 하고 떠난 바로 다음 날 8월 8일 교육부에 직접 찾아가 교육 현안 보고 형식을 빌려 교육부 직원을 위로할 기회를 마련했다. 지금까지 장관이 물러난 부처를 대통령이 서둘러 찾아간 적은 없었다. 한 시간 남짓 진행된 보고회는 분위기부터 달랐고 대통령의 첫마디가 “교육부는 바람이 매우 센 곳인 것 같다”면서 이번 장관 인사 문제로 부담을 주고 마음이 아팠을 것에 대해 공무원들에게 우회적으로 미안함을 표시하기도 했다. 어쨌든 이번 교육부총리 인사파동은 대통령 뿐만 아니라 교육부 직원에게 정치권에게 그리고 국민 모두에게 큰 상처를 준 것이었다.

제 5 장

참여정부 교육정책 누가 결정하는가

교육은 참으로 훌륭한 것이다. 그러나 때로는 우리들 스스로 가치 있다고 깨달은 것들은 교육을 통해서 깨우쳐진 것이 아니라는 것을 명심해 두는 것이 좋다.

– 오스카 와일드

1. 참여정부 교육정책 진단

참여정부 출범 이후 교육 개혁에 거는 국민의 기대는 실로 남다른 데가 있었다. 역대 어느 정부보다도 기득권으로부터 자유롭기 때문에 당면한 교육의 문제 상황을 직시하는 한편, 국민의 지지를 바탕으로 백년대계를 도모할 수 있을 것이란 기대가 높았다. 문민정부와 국민의 정부 내내 경쟁과 효율성이란 가치를 내세운 교육 개혁에 대해 국민들로 하여금 이제는 무언가 그 전과는 사뭇 다른 진솔하고 새로운 접근이 시작될 것이라는 기대감이 높았던 게 사실이다.

그러나 과거 교육 문제를 해결해 나가는 데 있어 해법이 마련되기는커녕 오히려 교육현장을 비교육적인 경쟁 양상으로 몰아가고 교육 개혁의 주체와 대상 간의 불신 · 불화가 지속되는 양상만을 보여줬다. 이에 참여정부는 출범 초기 공교육 내실화와 교육복지 확대, 참여와 자치를 통한 교육공동체 구축을 교육 개혁의 양대 기조로 제시함으로써 국민의 열망을 반영하는 듯한 모습을 보였다. 대통령 선거 과정에서 노무현 후보는 공교육 정상화, 교육 민주화, 교육복지 확대를 기조로 한 다양한 공약을 발표하였는데 고교 평준화 유지, 교육 개방에서 초 · 중등학교 제외, 고등교육 개방 최소화, 대학 서열 및 학벌주의 해결 등도 진보 진영의 입장을 대변한 대표적인 정책이었다. 대선 공약은 이후 대통령직인수위원회에서 보다 체계화되는 과정을 거쳐 '교육 개혁과 지식문화강국 실현'을 12대 국정과제 가운데 하나로 설정하게 된다.

하지만 참여정부의 교육 개혁 방향을 설정한 이후 이를 구체적인 정책과제로 설정하는 단계에서 혼선은 시작되었다. 특히 교육 개혁을 주도하기 위해 설립된 대통령 직속의 '교육혁신위원회'는 설립 초기 주무부처인

'교육인적자원부'와 상호 협력과 조율이 원활하지 못하였다. 결과적으로 교육정책 결정 과정에서 지도력 형성 미흡이라는 추진 체계상의 문제점을 노출한 것이다.[41)]

교육혁신위가 교육부와 정책 결정 과정에서 갈등을 빚은 가장 대표적인 사례는 '2008학년도 대학입학전형제도 개선 방안' 논의 과정에서 불거졌다. 2004년 8월 19일 청와대에서 열린 국정과제회의에서 전성은 당시 교육혁신위원장은 대통령에게 2007년부터 학교생활기록부를 대신하여 교육이력철을 도입하는 방안을 보고했다. 한 학생에 대한 모든 기록을 모아 놓은 교육이력철을 대학입시 전형 기본 자료로 쓰겠다는 것이었다. 이에 대해 안병영 부총리는 "용어가 교육현장에 혼란을 줄 수 있는 만큼 준비 기간을 거쳐 고교의 학급당 학생 수가 현재 35명에서 30명선이 되는 2011년 이후부터 시행해야 한다"고 말했다. 참석자 간 토론이 이어지면서 논란이 빚어지자 노 대통령은 "이력이라는 용어가 주는 오해가 있을 수 있으며, 교육이력철은 명칭에서 교과나 성적 등이 빠지는 느낌이 든다"고 정리했다. 이 한 마디로 결국 1년 이상 교육혁신위가 교육부와 대립하며 정력적으로 추진해 온 '교육이력철'이 백지화되게 됐다.

이 밖에도 교육혁신위는 참여정부 전반기 내내 "국립대 공동학위제와 서울대 폐지론, 교육부 해체론" 등을 주장하며 번번히 교육부와 충돌을 빚었다. 혁신위 관계자들은 교육부에 대해 "개혁 의지가 없다"고 불만을 털어놨고, 교육부 쪽에서는 "추상적인 아이디어만 있을 뿐 교육 현실을 너무 모른다"고 반박했다. 어쨌든 참여정부 초기 교육 개혁의 '쌍두마차'라 할 수 있는 교육혁신위원회와 교육인적자원부 간의 상호 협력과 조율이 원활하지 못함으로써 정책 입안과 추진에 있어 많은 문제점을 노출하

41) 정책평가위원회, 2004. 12. "참여정부 평가와 전망" 보고서 자료 참조.

였다.

아울러 참여정부 초기 교육행정정보시스템(NEIS) 논란은 정부와 전교조의 밀고 당기는 공방이 장기화되면서 정부가 상황 해결의 주도권을 확보하지 못한 채 우왕좌왕하는 모습으로 인해 국민들로 하여금 참여정부의 교육정책 관리 능력에 심각한 의문을 제기하게 만들었다. 아이러니컬하게도 NEIS와 교원평가 문제에서 보여준 참여정부와 진보 진영 간의 정책적 긴장 관계는 과거 정부 때와도 별반 차이가 없었다. 오히려 사태를 관망하던 교육계 내부 보수 진영에서 수세적인 입장에서 벗어나 자신들의 생각을 조직화하고 단체를 만들기 시작하였다.[42] 특히 2004년 총선 과정에서 한나라당에 입당하여 대거 국회로 진출한 보수 진영의 교육 인사들은 보수 세력을 재결집시키는 데 핵심적인 역할을 수행하였다.

반면 교육계 내부에서조차 교육정책 노선을 보수와 진보로 나누는 것이 무의미할 정도로 참여정부 교육정책에 국정 이념이 없어졌다고 주장하는 이들도 있다. 이들은 말은 좌파로 하고 행동은 신자유주의로 하는 "좌파 얼굴을 한 신자유주의 정책"이라고 혹평한다. 사립학교법 개정 논란 정도가 가장 대표적인 좌파 정책이라고 할 수 있으나, 그 외 참여정부가 역점을 두고 추진하였던 '공영형 혁신학교' 도입이나 방과후 학교 실시, 교원평가 실시, 직업교육 체제 혁신 등은 이념 갈등과는 관계가 없어 보였다. 참여정부 교육정책의 간판이었던 'EBS 수능방송이나 2008 대학입시제도 개선안, 영재교육 추진' 또한, 추진 과정에서 갈등과 대립이 적지 않았으나 실제 야당의 정책 노선과도 그리 크게 다르다고 보기도 어렵다.

2005년 10월 교육부 국정감사에 열린우리당 구논회 의원은 참여정부

42) 2005년부터 '바른 사회를 위한 시민회의', '바른 교육권 실천 행동', '뉴라이트 전국연합', '자유주의 교육연대' 등 보수성향의 시민사회단체들이 새로 출범하거나 그 활동이 활발해졌다.

교육정책이 '수익자 부담' 정당화와 '시장주의적 정책' 추진으로 인해 양극화를 심화시켰다고 주장했다. 구논회 의원은 교육 양극화의 사례로 ① 사교육비 지출에 있어 최상위 계층과 최하위 계층간 8배 차이 ② 수능 성적이 부모의 경제력과 사교육비 지출 규모와 정비례 ③ 교육 경비 보조금 지원 실태나 학교발전기금 모금 내역의 지역별 격차 심각 ④ 전국 초·중·고 조기 유학생의 70% 이상이 서울·경기 지역 학생이라는 근거를 예로 들었다.

참여정부의 교육정책은 단적으로 표현하면 "초·중등교육은 교육의 공공성을 통해 공교육의 정상화를 꾀하되, 대학교육은 경쟁 원리를 통해 국제 경쟁력을 확보하는데 있다"고 할 수 있다. 하지만 공교육의 내실화를 추구하는 초·중등교육 정책과 경쟁력 강화를 추구하는 고등교육 정책은 유기적인 연계가 이뤄지지 못해 교육현장의 혼란은 물론 교육 주체들의 불신과 저항을 불러왔고 이해집단 간 갈등이 자주 빚어졌다. 그 대표적인 사례로는 2008년 대입제도 개선안과 교원평가제를 둘러싼 갈등, 서울대의 통합교과형 논술고사 실시 방침에 대한 정부와 대학 간 갈등, 3불 정책 법제화에 대한 갈등 등을 들 수 있다.

참여정부의 대학 정책의 방향은 크게 두 가지로 요약될 수 있다. "세계 수준의 대학교육을 위한 연구 역량 제고"와 "지역 발전을 위한 지방대학 육성"이 그것이다. 이를 위해 대학에 '자율'을 주는 대신 수요자인 산업계의 요구를 반영하여 대학의 운영 소프트웨어를 혁신하는 것이다. 무한한 '경쟁'과 상시적 평가를 통해 '책임성'을 강조하고, 정부는 '선택과 집중'의 방식으로 경쟁에서 살아남은 대학에 대해서 집중적으로 지원을 하겠다는 구상이다.

이에 대해 반론도 만만치 않다. 마치 경제 정책에서 실업과 물가라는 두 마리 토끼를 동시에 잡으려다 스테그플레이션이라는 최악의 경제 상황이 나타날 수 있듯이, 초·중등교육의 공공성도 대학교육의 경쟁력도 모두 놓칠 수 있다는 비판이 제기됐다. 이러한 주장의 논거는 참여정부의 대학 정책이 대학을 더욱 비정상적으로 만들 위험성이 짙다는 것이다. 지극히 제한적이고 불안정한 학벌 선호 노동시장 구조는 그대로 둔 채 대학교육 프로그램만 수요자(기업) 중심으로 변화시켜 봤자 학생들 간의 경쟁 구조만 더욱 악화될 뿐이고, 정작 청년 실업으로 대표되는 실업 문제의 해결은 여전히 난망하다는 것이다. 수도권과 지방에 연구중심 대학을 선정하여 집중 육성하겠다는 계획은 대학의 서열화를 더욱 심화시킬 것이고, 이에 따라 지방대는 빠른 속도로 무너질 것이며, 이러한 모순과 혼란으로 인해 초·중등교육의 공공성도 무너질 것이라고 이들은 주장한다.

한국의 모든 교육 이슈에 관한 논쟁은 결국 대학입시 정책 문제로 귀결된다. 대학입시가 어느 집단에게 유리하게 바뀌는지가 핵심 논쟁이 된 지 오래다. '대학이 이젠 학생 선발 경쟁에서 벗어나 교육 프로그램 경쟁을 해야 한다'는 노무현 대통령의 말은 참여정부 교육 철학의 한 단면을 여실히 보여준다. 사실 한국의 모든 중·고등학생들은 물론 대학생들도 열심히 공부한다. 과거 대학에 들어가면 공부를 안 한다는 얘기는 이미 오래 전 일이다. 그러나 취업을 위한 영어, 취직 관련 과목에만 열중할 뿐 전공을 위한 공부는 그렇지 않다. 날로 가중되는 청년 실업의 수렁에서 헤쳐 나오기 위한 처절한 몸부림이다. 2006년 8월 한 언론에 보도된 '졸업생을 미국 명문대 대학원에 보내 학벌을 세탁한 후에야 국내 유수 대기업에 학생들을 취업시킬 수 있었다는 강릉대 전자공학과의 사례'는 우리 교육과 한국 사회의 모순을 적나라하게 보여준다.

참여정부 청와대 교육문화비서관을 지낸 김진경 시인은 "우리 대학에 엘리트는 없고 엘리트주의만 남아 있다"고 비판한다. "이런 점은 우리 대학이 대학 취학률이 80%를 넘어서 보통교육 단계로 진입했음에도 여전히 유럽식 엘리트주의 대학관에 입각한 우리 대학들이 대학교육의 엄격한 경쟁 체제나 프로그램 질 관리와 같은 교육 경쟁보다는 여전히 학생 선발경쟁에만 관심을 갖고 있어 이러한 현실이 우리 교육 구조를 왜곡시키는 요인으로 작용하고 있다"며 한국의 고등교육 현실을 날카롭게 지적했다. 2008년 대입 개선안 역시 이러한 참여정부의 철학이 고스란히 반영된 의식의 소산인 것이다.

참여정부의 교육 철학이 물씬 배인 고등교육 정책이 또 하나 있었다. 국립대 특수법인화 정책인데, '이사회 형태의 개방적이고 합리적인 의사결정 구조, 학문의 자율성을 보장하기 위한 학사 운영 등에 대한 의사결정기구의 분리, 학교 경영에 대한 총장의 자율적 권한 강화 및 선출방식 개선, 단일 회계를 통한 회계의 투명화'를 핵심으로 한다. 그러나 이 정책에 대해서는 고등교육에 대한 국가의 책임을 대학측에 떠 넘기는 것이 아니냐는 국립대 교수들의 집단 저항과 등록금 인상을 우려한 학생들의 반발 등으로 인해 정책 의제 단계에만 머무른 채 전혀 진전을 보이지 못하고 있다. 참여정부 교육정책 추진의 현 주소와 어려움을 단적으로 보여주고 있는 사례라고 하겠다.

2. 누가 교육정책을 결정하는가

교육정책이란 통상 국가 권력에 의하여 지지되는 교육 이념 또는 이를 구현하는 국가적 교육활동의 기본 방침이나 원리를 가리킨다. 이러한 교육정책은 교육의 목적 · 내용 · 방법 · 조직 · 경영의 모든 부문에 걸치는 시책을 포함한다. 통상 교육정책은 실현 과정인 교육행정을 통해 구체화되며, 이 과정에서 시 · 도교육청(교육감) – 교육인적자원부(장관)로 연결되는 행정 라인을 통해 법적인 절차와 이해관계자 참여를 통해서 교육정책이 구체화된다. 법적인 절차는 통상 입법 과정을 말하는데 이 과정에서는 국회 교육위원회를 통해 정당의 교육 방침과 국민 여론이 정책에 반영되고 운영 중에 있는 교육정책에 대해서도 통제를 가하게 된다. 교육에 대하여 국가가 강력히 관여하는 체제에서는 교육정책이 교육행정과 불가분의 관계에 있으므로 정책 결정에서도 교육행정기관, 즉 장관과 교육 관료의 영향이 크게 작용한다.

이처럼 정책 결정 권한이 특정 행정기관에 집중하게 되면 간혹 대통령의 국정 운영 방침에서 벗어서 정책의 철학이나 방향성을 잃는 경우도 있기 때문에 이를 보완하기 위하여 교육혁신위원회와 같은 대통령직속의 자문기관을 설치하기도 한다.

교육정책 결정 과정에 참여하는 주체는 앞서 보듯이 매우 다양하다. 정책 결정 과정에의 주요 참여자로는 우선 장관과 교육관료, 그리고 국회 교육위 의원, 대통령과 대통령을 보좌하는 청와대 관계자, 당 지도부, 유관 정부부처, 야당 수뇌부, 주요 이익집단, 시민단체, 언론기관 등을 들 수 있다. 이 모든 주체들이 사안에 따라서 경중을 두고 직접적 또는 간접적으로 교육정책 결정 과정에 참여하게 된다. 그렇다면 과연 이 중에 누가 참여정부 교육정책을 사실상 결정하는 것일까?[43] 참여정부가 과거 정부에서의 교육정책 결정 과정과 어떻게 다른지 그 근거와 논리적 이유를 명확히 댈 수는 없다. 하지만 참여정부 교육정책 결정 과정에는 하나의 특색이 있다. 바로 정책 의제(Agenda)가 설정되는 과정이 이전 정부보다 더 개방적이라는 점이다.

43) 많은 학자들이 이에 대해 연구하고 새로운 연구 모형도 만들어 내고 있다. 하지만 필자는 이에 대해 이론적 · 개념적 접근이 아닌 체험적 접근을 통해 어떻게 정책 참여자가 정책 결정의 주체로 되는지 주관적 관점에서 서술하였다.

정책 이슈(issue)와 정책 의제(agenda)를 선점(先占)하는 주체가 행정부이건 청와대이건 언론이건 아니면 시민사회단체이건 간에 교육 이슈로 제기된 여러 과제들 중에서 이를 선점하는 정책 참여자가 정책 결정 과정에서의 주요 결정자(key-holder)가 되는 경향이 있다. 통상 이 과정에서 자신들이 제기한 이슈에 대해 청와대나 국회, 언론 등을 대상으로 이념적으로 연대를 꾀하거나 최소한 적극적인 반대 의사를 표명하지 않도록 동조화 작업을 추진하게 된다. 정책 아젠다를 선점한 세력은 의제화된 정책 문제에 대해 정책 대안을 모색하는 단계나 정책 대안으로 채택된 정책안이 법적으로 유효한 정부의 행위로 확정되는 합법화 과정에서도 중요한 역할을 수행하게 된다.

당초 사립학교법 개정안이 교육부가 주도하여 마련해 오다 당정협의 과정에서 '불협화음' 등을 내면서 여당 주도로 개정안이 마련되었다. 이후 사립학교법과 관계된 모든 의사결정이 정부에서 여당으로 넘어오게 된 것도 그 한 예로 볼 수 있다. 'EBS 수능방송 실시와 2008 대학입시에서 내신 및 수능 1등급 대상자 비율 선정 문제'에 있어서는 이슈와 아젠다를 선점하고 있는 안병영 부총리가 주요 결정자가 되었다. 교육행정정보시스템(NEIS) 논란은 앞서 보았듯이 전교조가 이미 개인정보 보호라는 아젠다를 선점한 채 정국을 주도할 수 있었다. 이기준 부총리와 김병준 부총리의 인사 파동의 경우는 일부 언론이 '장관의 인품과 도덕성' 문제를 사회 이슈와 아젠다로 제기한 결과, 국민 여론을 움직여 장관 임명과 관련한 청와대의 정책 결정 과정 전반을 사실상 주도했다. 한 중학교 교사가 발표한 일진회의 실상을 담은 보고서가 언론에 발표되면서 큰 사회적 이슈가 되었던 '학교폭력 문제'는 당시 정부가 발 빠르게 '학교 내 폐쇄회로(CCTV)' 설치와 '학교경찰제(스쿨폴리스) 시범 도입'이라는 정책 아젠다를 선점 · 발표함으로써 정부가 정책 문제 해결에 주도권을 쥘 수 있었다.

이러한 사례들은 앞으로 교육 혁신에서 '개혁의 헤게모니' 선점 및 확보가 얼마나 중요한지를 보여주는 것이다. 아울러, 참여정부가 지금까지 교육 관련 정책 아이디어와 로드맵은 많이 생산해 냈지만, 개혁 의제의 우선 순위와 실천 경로에 대한 종합적인 청사진이 부재(不在)했다는 것을 간접적으로 나타낸다고 하겠다.

'게임의 상대'에게는 정부가 교육정책 환경을 관리해 낼 수 있는 역량이 있음을 분명히 보여줄 필요가 있다. 결연한 의지로 '성공'의 경험을 축적시켜 나갈 때만이 정부에 우호적이지 않은 세력도 자발적으로 교육 개혁에 동참하는 개혁의 헤게모니를 확보할 수 있을 것이다. 이제 교육정책은 어느 한 세력의 주장과 의견만이 전체 의사결정을 좌우하거나 관련 정보를 독점할 수 없을 만큼 보편적이고 상식적인 가치가 정책 결정의 기준이 되고 있는 것이다. 네티즌들이 장관 후보자를 떨어뜨리기도 하고, 수면 아래에 있는 정책 의제를 정책 아젠다로 확정시키기도 한다. 국민의 참여와 지지 없이는 어떠한 정책의 제도 정책 아젠다로 살아 남을 수 없는 것이다.

돌이켜 보면, 필자가 보더라도 최근 몇 년 간은 하루하루가 어떻게 지나갔는지 모를 정도로 다사다난(多事多難)했다. '생각의 속도'라 할 만큼 하루가 다르게 변화하고 있으며, 이러한 변화와 전환의 시대 흐름 속에서 우리 모두는 거듭 새로워지는 노력을 요구받고 있다. 우리 교육 현실에 있어서 어제 오늘의 일은 아니지만 고교 졸업생의 80% 정도가 대학에 진학할 정도의 '과(過)교육' 상태를 질적으로 제어하기도 참으로 쉽지 않은 문제다. 대학의 질은 떨어지고 양만 팽창하다 보니 여기서 키워진 사람들의 지식・기술이 사회의 요구 조건과 맞지 않고 이런 사람들이 사회에 나오면 취직하기도 쉽지 않은 문제를 교육 본질의 측면에서 다시 고민하고 이를 해결하기 위해 대안을 모색하는 것은 아마 우리 시대가 풀어가야 할 사명일지도 모른다.

최근 몇 년 동안 2008학년도 새 대입제도 논의 과정에서 많은 갈등도 있었다. 정책 결정 과정에서 대학들이 크게 반발했고, 네티즌들은 '죽음의 트라이앵글'이라는 동영상을 만들어 입시 정책의 문제점을 따졌다. 사교육에 대한 국민들의 의존도도 여전하고, 같은 교육 목적을 추구하면서도 서로 관점과 철학이 달라 이해집단 간에 서로 엇갈리게 되고 심한 갈등과 몸살을 앓기도 했다.

하지만, 한 가지 분명한 것은 우리 교육은 변화하고 있으며 그 변화의 주된 힘과 에너지는 교육현장으로부터 나오고 있다는 것이다. 다행히 새 입시안이 확정된 후, 초등학교에서는 책읽기가 활발하게 이뤄지고, 중 · 고등학교에서는 토론을 통한 참여 수업이 점점 확산되고 있으며, 특목고 진학 패턴도 조금씩 달라지고 있는 등 바람직한 변화의 움직임이 나타나고 있다.

교육에 대한 갖은 논란이 세상을 어수선하게 하는 속에서도 우리 선생님들은 묵묵히 조용한 변화를 현장에서 일구고 계신다. 이제는 국민에게 희망과 용기를 안겨 주는 교육이 되도록 교육의 본령에 입각한 깊은 성찰이 필요한 시기이다. 한편으로는 교육에 대한 높은 국민적 기대를 충족시키기 위해서라도 더 많은 부분에서 노력과 투자가 필요하다고 본다. 작고 조용한 변화가 큰 물결이 될 수 있도록 과거를 거울삼아 차근차근 한 걸음씩 준비해 나갈 때이다.

제 6 장

미래 교육을 위한 청사진[44)]

44) 필자가 교육인적자원부 내 부총리 정책보좌관실과 부총리 비서실에서 근무하면서 역대 부총리의 특강이나 연설자료로서 정리해 두었던 것을 기초로 다시 기술한 것이다.

교육은 책을 읽을 수는 있으되 어떤 책이 읽을 가치가 있는 것인지를 분간 못하는 인구만을 증가시켰다.

– 트레뷔량

1. 미래 교육에 대한 희망

1) 우리 교육 체제의 빛과 그림자

세계화 · 정보화로 대변되는 21세기 지식기반사회에서는, 개인이나 기업의 성장은 물론, 국가의 경쟁력과 운명까지도 '사람과 지식'이 핵심 요소로 등장하고 있다. 즉, 과거에는 외교력이나 군사력이 국력을 좌우했으나, 현재는 그 나라의 과학기술, 문화 등이 국력을 좌우하게 되어, 교육을 통한 국가 간 경쟁이 더욱 치열해 지고 있다. 특히, 창의적이고 유연한 사고를 가진 인재를 양성하는 일의 국가적 중요성은 갈수록 높아지고 있다. 우리의 인재들이 국제적 경쟁력을 갖추게 하기 위한, 국가적 차원의 장기적이고 체계적인 인적자원 개발 노력이 더욱 절실히 필요한 시점이다.

그러나, 이에 비례하여, 학교와 교육 제도를 중심으로 한 우리의 인력 양성 시스템에 대한 사회 구성원들의 불만 역시 커지고 있는 것이 사실이다. 대체로, 기업이나 사회 요구에 부합하는, 글로벌 경쟁력을 갖춘 인력이 제대로 양성되지 못한다는 지적이다. 현재, 우리 나라는 매년 24만 명의 대학 졸업생을 배출해 내고 있으나, 경기 침체 속에 청년층(15~29세) 실업은 이미 8~9%에 이르는 등 취업난이 해마다 가중되고 있고, 이에 반해 기업에서는 기업의 요구에 부합하는 인재를 찾기가 더 어렵다는 목소리도 나오고 있다. 인적자원 강국을 위한 교육정책의 향후 과제도 이러한 시대적 요구와 방향을 수용해서 인력 양성을 제대로 할 수 있느냐에 달려 있다고 생각한다.

한국은 불과 3~40년만에 경이적 경제 발전과 민주화를 이룩한 나라다. 많은 이들이 그 원동력은 바로 교육 내지 성공적인 인적자원 개발에 있다는 점을 두루 인식하고 있다. 지속적인 의무 교육의 확대와 견실한 중등교육의 구축을 통하여 배출된 양질의 노동력은, 해방 이후 경제 발전과 국가발전의 원동력이 되었고, 시민의식의 성숙과 민주화 등 정치 발전을 앞당기는 데 크게 기여하였다. OECD의 PISA에서 실시한 조사에 따르면, 우리 나라 초·중등 학생들의 평균적 학업 성취 수준은 상위 수준이며, 특히 수학과 과학의 경우 가히 정상에 가깝다.[45] 다만, 최상위권 학생들은 선진국에 비해 얼마간 뒤지는 것으로 나타나 수월성 교육의 보완이 필요함을 시사하기도 하였다.[46]

그리고, 한국의 교육 정보화 발전 지수도 세계의 최상위권에 속하는데, 국민의 약 1/4인 1,133만 명(이는 인구 100명당 21.3명으로 세계 1위임)이 초고속인터넷에 가입하였고, 전국의 모든 초·중·고에 인터넷 연결이 이미 2000년에 완료되었다. 아울러, 고교 1PC당 학생 수가 5.8명으로 세계 최정상 수준이고, 통신 속도 2Mbps 이상, 학내망 100Mpbs 이상인 학교가 거의 99%에 이르고 있으며, 그 밖에 전국 교육 정보 공유 체제의 구축으로 수십만 건의 교수–학습자료를 실시간 공유하고 있다. 국내에서 우리 교육을 바라보는 시각과는 달리, 외국에서는 우리 나라 교육의 성과를 대단히 높게 평가하고 있다. 예컨대, e-Learning과 관련해서는, 우리 나라가 세계 최고 수준이라는 사실을 모두 인지하고 있다. 우리 교육이 많은 문제점도 지니고 있으나, 지나치게 비관적일 이유도, 지나치게 낙관적일 이유도 없다. 현실을 직시하고 문제의 본질을 올바로 인식하

---

45) 전 세계 41개국 고1 학생들을 대상으로 실시한 PISA 2003 학업성취도 국제 비교 결과(2004. 12월초 OECD 발표)에서 한국 학생은 문제 해결력 영역에서 1위, 읽기 영역에서 2위, 수학과 과학 영역에선 각각 3등과 4등을 차지하였다.

46) PISA 2003 학업성취도 국제 비교 결과에 따르면, 우리 나라는 상위 5% 안에 드는 최상위 학력 그룹 학생의 점수가 2000년도에 비해 읽기는 21위에서 7위로, 수학은 6위에서 3위로, 과학은 5위에서 2위로 상승한 것으로 나타났다.

고 있는 것이 중요하다고 본다.

그 동안 우리 나라 교육정책에 대해 지나치게 대학 입학과 같은 학생들의 선발 문제에만 집착하면서, 정작 교육의 본질 문제, 다시 말해서 사람을 바르게 키우는 일에는 깊은 관심을 쏟지 못했다는 지적이 적지 않았다. 창의적이며 인간화된 우리 2세를 바르게 교육하는 일로부터 우수한 인적자원을 체계적으로 양성하는 일에 이르기까지 교육의 본질을 깊이 성찰할 때가 온 것이다. 물론, 그 동안 교육정책과 정부에 대한 누적된 불신으로 인해, 여전히 국민들은 불안과 불신의 눈으로 우리 교육을 바라보고 있으며, 교육계 내부의 갈등과 분열 양상도 아직 완전히 해소되지 않은 것이 사실이다. 많은 학생들과 학부모들이 비교 우위를 확보하기 위해 학원과 같은 사교육 시장으로 몰리고 있고, 중등교육은 입시 준비 때문에 창의성이나 인성교육이 입시에 밀려 뒷전으로 몰리는 것도 우리의 현실이다. 하지만 희망이 없는 것도 아니다.

최근에 발표된 PISA 결과는 우리 나라의 대다수 고등학생들이 다른 나라에 비해 골고루 일정 실력 수준 이상에 있다는 것을 잘 보여주고 있다. 하지만 이번 PISA 결과를 지켜보면서 남들보다 조금 앞섰다고 해서 미리 샴페인을 터뜨리면서 마냥 즐거워하거나 자만해서는 안 될 것이다. 이번 결과는 우리 국민 모두에게 희망의 메시지도 던져 주었지만, 다른 한편으로는 새로운 시대적 과제도 함께 제시하고 있다.

어제 오늘의 일은 아니지만 우리 교육을 뒤돌아보면 현재 고교 졸업생의 80% 정도가 대학에 진학할 정도의 '과(過)교육' 상태를 질적으로 제어하기란 참으로 쉽지 않다. 대학의 질은 떨어지고 양만 팽창하다 보니 여기서 키워진 사람들의 지식 · 기술이 사회의 요구 조건과 맞지 않고 이런 사람들이 사회에 나오면 취직하기도 쉽지 않은 이러한 문제에 대해 이제 더 이상 개인적인 문제로 방치할 수는 없다고 본다. 우리에게 새로 주어진 시급한 과제는 바로 교육 부문, 특히 대학의 구조개혁을 효과적으로 추진하여 국가 경쟁력으로 이어질 수 있도록 해야 한다는 점이다. 이를 위해서는 우선 대학이 스스로 변해야 한다는 의지와 이를 바탕으로 한 실천이 가장 중요하다. 물론 이를 지원해 줄 수 있는 국가적인 차원의 인적·물적 역량의 집중도 필수적이다.

이제는 교육이 국민에게 희망과 용기를 안겨 줄 수 있어야 한다. 이를 위해서는 교육의 본질에 입각한 깊은 성찰이 필요하다. 앞으로 우리 교육의 방향은 초등교육에서는 인성교육을 중심으로 하면서 창의성의 씨앗을 뿌리는 단계로, 중등교육은 인성교육과 함께 창의성 신장에 주력하는 단계로, 그리고 대학에서는 창의성과 수월성을 무한히 추구하는 단계로 나아가야 한다. 우리 모두가 이상적이라고 생각하는 '정직과 신뢰가 살아 숨쉬는 학교', '더불어 사는 인재의 양성'은 이를 통해서 가능해지리라고 본다.

2) 미래 교육을 위한 새로운 패러다임

이제 교육의 본질에 입각한 미래 교육의 방향을 논의함에 있어서는 종래 수월성과 형평성이라는 이분법(二分法)적인 이념적 해결책에서 벗어나 다른 차원으로 넘어가야 할 시기가 되었다고 본다. 사실, 교육 문제에서 이념적 갈등이 첨예화될수록 교육 스스로 문제를 풀기 어려운 경우가 종종 많이 있다. 최근의 고교등급제 파동, 고교간 학력 차 논란, 일선 고교의 내신 부풀리기 문제와 고교 평준화 논쟁 등에서 볼 수 있듯이, 모든 교육 문제를 선발 문제를 중심으로 교육의 수월성을 주장하는 측과 형평성을 중시하는 측의 끝없이 충돌하는 소모적인 논쟁으로 끝나는 경우가 대부분이었다.

그러나 이러한 논쟁은 우리 교육의 미래 청사진을 제시하지는 못하고 있다고 생각한다. '학교교육의 정상화, 교육 기회의 균등, 대학의 자율, 국가 경쟁력의 제고, 그리고 사회 통합성의 신장' 등은, 교육정책 추진과정에서 어느 하나 소홀히 할 수 없는 소중한 가치들이다. 이제 소모적인 논쟁보다는 이러한 가치들을 어떻게 조화시켜 나갈지에 대해 우리 모두 머리를 맞대고 지혜를 모아야 할 때이다.

여러 나라 교육정책의 역사를 살펴보면 시장 원리와 경쟁력을 강조하는 경제주의, 교육의 본연적 목적을 강조하는 근본주의, 그리고 사회적 형평과 통합을 중시하는 평등주의가 각축하는 3각 구도가 형성되어 왔음을 알 수 있다.[47] 경제주의, 근본주의, 평등주의는 모두 저마다 장점과 단점을 가지고 있다. 어느 것 하나를 취하고 다른 것들은 버릴 수 있게 되어 있지 않다. 장점만을 모을 수 있다면 최선의 개혁 노선이 되겠지만 단점만 모아진다면 최악이 될 것이다. 개혁 노선들의 장점과 단점들이 서로 보완되도록 비중을 정하고 배합하는 일은 전문가들의 식견과 대중적 합의를 요구한다. 우리 교육의 개혁이 하향식이어서도 상향식이어서도 안 되는 이유가 여기에 있다. 참여정부가 교육부문 내외의 모든 주체들의 참여, 대화와 타협을 강조하는 까닭도 여기에 있는 것이다.

우리의 개혁 노선은 조화로워야 한다. 우선 과도한 선발 경쟁에 매몰된 교육의 본질, 즉 교육이란 지덕체가 조화된 인간을 기르는 일임을 우선적으로 회복시켜야 한다. 또한 대중적 공교육의 수준과 다양성을 최대한 끌어올린 위에 최고의 수월성을 무한히 지향하는 교육 체제를 구축해야 한다. 한편 교육이 부와 신분을 세습시키는 사회적 재생산의 기제로 전락하는 것을 막고 모두에게 기회를 주는 형평의 정신을 구현해야 한다.

---

47) 안병영 교육부총리 대한상공회의소 특강, '인적자원 강국을 위한 교육정책의 방향', 2004. 3. 26.

공교육 내실화와 교육복지 확대는 이를 위한 절대적 명제이다.

3) 고등교육 개혁과 미래 교육의 과제

우리의 고등교육은 대내·외적으로 매우 어려운 상황에 처해 있다. 매년 취업난이 가중되고 있고 기업에서는 자신들의 요구에 부합하는 인재를 찾기가 더 어렵다는 목소리도 나오고 있다. 출생 인구의 급격한 감소로 고교 졸업생은 2020년 48만 명, 2021년 43만여 명으로 예상되고 있어, 현재 고등교육기관 입학 정원 65만 명이 계속 유지된다면, 2008년에는 입학 정원의 약 15%인 9만5천 명, 2021년에는 입학 정원의 34%인 22만 명의 미충원 발생이 예상된다. 이와 같이, 학령 인구 감소로 학생 정원을 다 채우지 못하는 대학이 속출하고 있고, 사회적인 수요를 충족하지 못하는 인력 양성으로 인하여 대학교육에 대한 불신은 더욱 높아가고 있는 실정이다.

지금 우리 나라의 대학은 무려 357개에 이르고 있다. 전국의 시·군·구가 234곳이므로 평균 1.5개 꼴이 넘는 셈이다. 대학의 무분별한 설립은 대학교육의 총체적 부실로 이어진다. 교수 1인당 학생 수가 평균 31명으로 우리 나라도 가입한 OECD(경제협력개발기구) 17명의 두 배에 가깝다. 심지어 초등학교보다도 많게 40명을 초과하는 대학도 106개교에 이른다. 대학 역시 시대적 산물이다. 대학도 사회적 상황에 따라 탄력적으로 적응해야만 한다. 10년 전에는 전국의 대학이 300개쯤 되었으며, 한 해 대학에 들어가는 신입생이 80만 명이 넘었다. 대학에 대한 수요 압력이 높아지면서 양적 팽창이 불가피했던 측면도 있었다. 그러나 이제는 대학 신입생이 줄기 시작해 60만 명 수준이다. 지방대의 경우 신입생 충원율이 70% 안팎에 불과하다. 이제는 대학의 양적 성장을 질적 성장으로 승화시키는 작업을 해야 할 때이다. 대학교육의 질적 성장을 위한 첫 단계로는, 지식기반사회에 걸맞게 교육과 연구의 질을 높일 수 있도록 교육 여건을 먼저 개선해야 한다.

그 동안 우리 나라 대학교육은 양적인 성장 속에서 산업사회의 교육 수요를 성공적으로 감당하여 왔으나, 획일적인 종합대학 지향으로 대학별 역할과 특성이 불분명하고 기능이 중복되어 재정 투자의 비효율을 초래한 것도 사실이다. 그 결과 우리 대학은 21세기의 새로운 시대적 요구를 소화해 내기 위해서는 과감한 혁신이 필요하다는 지적을 받아왔다. 이제 우리 나라 대학은 내실을 다져 사회적인 요구에 부응하고, 국가 경쟁력 제고의 핵심적인 추진체로서 소임을 다하기 위해 과거의 대학 모습에서 탈피하여야 할 시대적 소명을 안고 있다. 대학간 연합이나 통합 등과 같은 몸집 줄이기를 통해 내성을 키워야 하고, 경쟁 시대를 감당할 수 없는 대학은 이젠 퇴출도 각오해야 한다.

이미 세계 각국은 대학교육이 국가 경쟁력 제고의 핵심이라는 인식하에 대학 개혁을 강도 높게 진행하고 있다. 영국은 1997년부터 '구조조정 협력기금'을 통해 구조조정 및 대학간 협력 활동을 지원하고 있으며, 중국은 '211공정'을 수립하여 세계적인 신기술 혁명의 도전에 대응하기 위해 100여 개 대학과 일부 중점학과 육성 방안을 수립 시행하고 있다. 일본은 "대학의 구조개혁 없이는 일본의 재생과 발전은 없다"라는 인식하에 국제 경쟁력을 갖춘 국립대학 재건과 국립대학의 책무성 제고를 위해 구조개혁을 추진하였으며, 2004년 4월부터 모든 국립대학을 법인화시켰다. 이처럼 세계의 각국은 학령 인구 감소, 교육 시장 개방 등 고등교육 시장의 경쟁적 환경이 보다 가속화됨에 따라, 대학의 구조개혁을 통한 경쟁력 제고를 위해 국가적 역량을 집중시키고 있다. 대학구조개혁을 효과적으로 추진하여 국가 경쟁력 제고로 이어지게 하기 위해서는 대학이 내・외적인 위기를 인식하여 스스로 변해야 한다는 의지와 이를 바탕으로 한 실천이 매우 중요하며, 국가적인 차원의 역량 집중도 필수적이다. 대학과 국가가 혼연일체가 되어 대학의 위기를 슬기롭게 극복할 때, 우리 나라의 대학들이 '체질적으로 건강한 대학', '국민으로부터 신뢰받는 대학', '국가 발전의 핵심 동력의 대학'으로 거듭 태어날 수 있을 것이다. 세계 선진 각국에 비해 다소 늦은 감도 있지만, 늦었다고 생각할 때가 오히려 뒤처지지 않고 가장 빠른 시기가 될 수 있다. 이제부터가 진정 교육 개혁의 시작이자, 또한 지향점인 것이다.

2. 고령화 사회 도래와 교육적 대응

1) 저출산 · 고령화 사회의 도래와 문제점

현재 우리 사회의 인구 고령화 현상은 단순한 인구 구조의 변화가 아니라 사회 구조의 대규모 지각 변동을 야기하고 있다. 세계보건기구(WHO)도 인구의 고령화를 '사회 혁명'으로 정의하고 Age quake로 규정하여, 이 문제의 중요성을 지적한 바 있다. UN의 정의에 따르면, 65세 이상 인구의 비율이 7% 이상을 차지하는 사회를 '고령화 사회'(aging society)라고 정의할 수 있는데, 현재 한국은 65세 이상의 노인 인구 비율이 8%를 조금 웃도는 수준이며, 농어촌의 경우는 이보다도 두 배에 이르고 있다. 이처럼 한국의 고령화 속도는 다른 어느 나라보다 빠르게 진행되고 있으며, 이 같은 추세라면 2019년에는 '고령사회'(aged society), 그리고 2026년에는 '초고령 사회'(Super-aged society)에 도달할 전망이다. 선진국의 예를 볼 때 고령화 사회에서 고령사회로 이행하는데 프랑스는 115년, 미국은 71년, 영국은 47년이 걸린 반면, 한국은 불과 19년이라는 단기간에 고령사회에 도달할 것으로 보인다. 일반적으로 인구가 고령화되는 이유로는 평균 수명의 연장과 함께, 다른 한편으로는 출산율의 급격한 저하에 그 원인이 있다. 이러한 고령화는 인구 피라미드의 불균형으로 이어지는데, 한국도 2020년 경에는 평균 수명이 80세를 돌파하고 출산율이 1.17에 불과한 저출산·고령화 사회가 일반화될 것으로 보인다.

저출산과 연관하여 한국도 1980년도 이후 24년만에 6~21세 사이의 학령 인구가 25%인 350만 명이나 감소하였다. 선진국 사회를 상징하던 장수(長壽)는 인간의 오랜 소망이기도 하지만, 고령에 따른 '질병, 빈곤, 고독'(三苦)에 대한 대책도 이젠 사회적 당면 과제로 제기되고 있다. 저출산·고령화가 지속되면 연금 수급자의 증가, 노동 의료비의 급증 등으로 사회적 부담이 커지고, 노인 관련 재정 지출 급증으로 재정 수지 악화가 야기될 수 있다. 그리고, 노동력 감소와 노동 생산성 저하, 저축 감소, 소비·투자 위축 등을 가져와 경제적으로도 심각한 문제를 일으킬 수 있다. 이외에도 세대간 갈등, 복지 서비스 욕구 폭증 등 2차적인 사회 문제도 발생할 수 있다.

전 세계적으로 빠르게 증가하는 고령 인구와 고령화 문제에 대해 서구 선진국에서는 오랜 민주화로 인해 이미 사회적 안전망을 갖추고 시대적 충격에 충분히 대비하고 있으나, 한국의 경우 아직 민주화가 진행 중에 있으며 새로운 사회에 대한 적응 여건과 인력 관리 차원의 안전망 또한, 아직은 미비한 실정이다.

2) 노인 인적자원의 개발과 활용

인구 고령화로 인한 국가 성장 잠재력의 손실을 보완하기 위해서는 고령자 · 여성 인력 등 노동력 활용도의 제고가 필요하다. 청년기의 일탈 방지 등 노동력의 손실 방지 노력과 함께, 고령자의 건강 증진을 통해 생산 활동에 참여할 수 있도록 유도해야 한다. 또한 학교 및 직업교육의 활성화 · 내실화를 통해 국가 전체 노동력의 질과 생산성을 제고해야 한다. 한국은 경기 침체의 장기화로 청년층(19～29세)의 실업률이 이미 8～9%에 이르는 등 핵심 노동계층(30～54세)의 실업률을 크게 앞질러 일자리 불균형이 더욱 심해지고 있다. 국내 핵심 노동계층 대비 청년층 실업률(청년층 실업률/핵심 노동계층 실업률)은 OECD 회원국 중 최상위권(한국 3.26, OECD 전체 2.28)이다. 아울러 현재 한국의 경우, 청년층의 노동 시장 진입 연령이 평균 27.2세로 서구 선진국의 22.1세에 비해서 너무 늦은 반면, 노동 시장 퇴직 연령은 지나치게 빨라서 경제 활동을 하지 않는 유휴 중 · 장년 인구 규모가 매우 크다는 약점을 가지고 있다.

노인의 경제 활동 참가를 활성화하기 위해서는 노후 소득 보장 제도의 확충을 통하여 기초 수준의 소득 보장을 견실하게 하는 것이 급선무이다. 전 국민의 기초 소득 보장에 대한 국가의 책임을 명확하게 하고, 이를 바탕으로 노동 시장 변화에 대응할 수 있는 고용 친화적 연금 제도의 개혁이 필수적이다. 노동 시장 유연화에 따라 직업 · 직종의 변화에 따른 노후소득 하락을 방지하고, 제도간 상호 연계성을 강화함으로써 비정형 근로의 증가와 노동의 이동성에 대응하는 제도의 마련도 시급하다. 또한 파트타임 근로를 통한 점진적 퇴직과 이로 인한 소득 감소 문제를 해결하기 위한 부분 연금의 도입과 같은 제도적 보완이 필요하며, 조기 퇴직 억제와 근로 기간 연장에 대한 급여의 우대조치, 피크타임 임금제의 도입, 정년 및 연령 차별 제도를 개선할 필요가 있다는 것이다.

지식기반사회에 대응하여 노인의 사회 적응 능력과 자립 능력을 제고

하기 위해서는 평생학습 기회의 확대를 통하여 세대간 지식 격차와 학습 격차의 해소가 전제되어야 한다. 노인을 '평생학습자'로 노년기를 '학습하는 시기'로 재정립하고 이러한 인식을 유도할 수 있는 평생학습 문화를 조성할 필요가 있다. 특히, 최근 들어 노동 시장의 유연화가 가속화됨에 따라 실업의 위험이 높아지고 평생학습의 필요성이 새롭게 증대되고 있으나, 성인(25~64세)의 계속교육 참여율은 OECD 국가 평균의 1/3~1/4 정도에 불과한 실정이다. 따라서, 노인 문제의 근본적인 해결을 위해서는 늘어나는 노인 여가를 사회·경제적 성장과 발전의 계기로 활용할 수 있도록, 평생학습 전략에 입각한 e-Learning 강화가 필요하다고 본다.

다행히 희망적인 것은, 영국의 컨설팅 기관인 EIU(Economist Intelligence Unit)의 2003년 발표에 따르면, 총 60개국을 대상으로 국가별 e-Learning 전반을 평가한 결과, 우리 나라는 세계 5위인 것으로 나타났다. 이제 e-Learning은 국가, 지역사회, 학교가 공동으로 발전된 정보통신 매체를 활용하여 21세기 새로운 평생교육 모형을 창조시킨다는 점에서 노인을 '평생학습자'로 재탄생시키도록 돕는 중요한 수단이 될 것이다. 나아가 "누구나, 언제, 어디서나 참여가 가능한 유비쿼터스 평생학습 체제"를 구현하는 데도 중요한 전제조건이 되고 있다.

그리고 퇴직한 노인이나 취업 희망 노인을 대상으로 직업교육 훈련을 강화하여, 노인 인적자원을 활용하는 방안을 모색할 필요가 있다. 아울러 노인의 전문적 경험과 지식을 활용할 수 있도록 〈자원봉사 활동〉에 대해서도 적극 장려할 필요가 있다. 퇴직한 교원, 공무원, 민간의 전문가 등을 평생교육 분야의 자원봉사자로 사회에 참여하도록 유도함으로써, 새로운 사회적 가치를 창출해야 한다. 저소득 고령자에게는 사회적 일자리 창출 사업 등과 연계하여 일거리를 제공하고, 여기에 필요한 교육적 지원을 제공할 필요가 있다.

3) 노령화 시대 노인 교육 정책 과제

사실 인구 고령화에 따라 발생하는 사회적 · 경제적 문제는 상당히 미묘하고 복잡한 것이 사실이다. 언젠가 우리 모두는 노인이 된다는 점에서 이는 비단 노인만의 문제가 아니라 우리 모두의 문제인 것이다. 노인의 삶의 질을 높이고 노인 관련 사회 문제에 올바로 대처하기 위해서는 노인 문제에 대해 보다 적극적 관심과 노력이 필요하다. 특히 교육을 통한 노인들의 삶의 질 제고는 세대간 갈등을 해소하고, 사회 통합을 실현하기 위해 매우 중요하다.

노인 집단의 교육 참여는 학력과 지역에 따라 크게 달라지며, 특히 학력수준의 영향이 다른 집단에 비해 상대적으로 매우 크다는 특징이 있다. 따라서 노인 집단에 대한 정책 방향 역시 배경, 특성별로 세분화하여 접근할 필요가 있다. 우선, 노인 교육 정책은 우선 지역별로 차별화된 노인 교육 모델의 개발이 실시되어야 한다. 그리고 고령화 비율과 인구 특성, 교육 여건 면에서의 지역 차를 고려하여, 각기 상이한 교육 지원 프로그램이 제공되어야 한다. 물론, 이러한 프로그램에는 노인 학습자의 교육 수준과 경제 수준에 따라 차이를 두고, 적절한 기관을 선정하여 운영되어야 한다.

이러한 노인 교육 정책을 효과적으로 수행하기 위해서는 현재 추진되고 있는 정부의 유관사업들을 통합(integration)하고 연계(networking)할 필요가 있다. 즉, 평생교육과 복지, 고용이 하나로 연결되어 노인 교육을 지원할 수 있는 통합 지원 체제를 구축해야 한다.

노인 교육 정책은 우리 사회의 잠재 자원으로서 노인의 가치를 재인식하고, 이를 구현하는 데 목적이 있다. 그러나 이는 정부만의 노력으로는 효과적으로 달성되기 어렵다. 노인 문제는 노동, 복지 등 다른 사회적 과제와 긴밀한 상호 의존 관계에 있기 때문이다. 인구 고령화 문제에 효과적으로 대처하기 위해서는 사회 전반의 총체적 노력과 긴밀한 협조가 필요한 이유이기도 하다.

3. 21세기 우리 교육을 위한 정책 과제

1) 학교교육에 대한 기대 그리고 믿음

일반적으로 교육 논리와 경제 논리는 항상 충돌되는 개념으로 이해되곤 한다. 우리 교육에 대한 여러 문제점을 진단하고 그 대책을 논의할 때, 이건 이래서 안 되고 저건 저래서 안 된다고 하면서 서로 각자의 논리에 기대어 주장하다 보면, 결국 그건 교육 논리고 이건 경제 논리라고 서로 폄하하면서 끝나게 된다. 경제 논리의 핵심은 개방화 · 국제화 시대에 경쟁을 전제하지 아니하고는 어떠한 발전도 기대할 수 없다는 것이다. 간혹 학자에 따라서는 우리 나라 교육을 오리에 비유하기도 한다. 오리는 뛰기도 하고 헤엄치기도, 날기도 하는데, 어느 것 하나 제대로 하는 게 없다는 것이다. 이 말은 평준화 정책과 같이 경쟁을 상실한 교육으로는 우수한 인재를 길러낼 수 없다는 의미이다. 또한 이들은 이구동성으로 오늘날 모든 국가는 이미 적자생존의 시대에 진입했으며, 부인하고 싶어도 승자 독식 시대라고 규정한다. 국가간 경쟁이라는 게임은 나눠 먹는 게임이 아니며 이긴 자가 독식하는 게 일반적인 룰이라는 것이다. 불행히도 현실 사회는 이들이 주장하는 논리대로 움직이고 있다. 자유무역협정(FTA)은 지금의 글로벌 자유무역시장에서 내

물건을 다른 국가에 팔아먹으려면 기본적으로 체결해야 하는 국가 상거래 조건으로 바뀌고 있다. 국경 없는 무장벽·무관세 시장의 확대는 우리처럼 자원 없고 인구 많은 국가에는 피해갈 수 없는 대세인 것만은 분명하다. 이러한 시각에서 보면 우리의 교육정책, 특히 초·중등 교육정책은 '하향 평준화·평등주의'라는 얘기가 나올 만하다고 생각된다.

하지만, 다른 쪽 논리로도 한번 접근해 볼 필요가 있다. 경쟁이라는 글로벌 현실을 망각케 해서는 물론 안 되겠지만, 승자 독식의 현실에서도 국민의 어두운 곳을 비춰주고 뒤처진 학생들을 북돋우고 잘 하는 학생과 같이 뛰도록 도와 주는 일종의 패자 부활전의 논리도 우리 교육에 필요하다는 생각이다. 최소한 국민 보편 교육이라고 할 수 있는 '초·중등교육' 분야에서는 더욱더 필요하다고 주장한다.

사실, 앞서 언급한 대로 교육 문제는 마땅한 방안을 찾기도, 국민적 합의 도출도 쉽지 않다. 이런 와중에 각각의 상반된 논리로 모든 문제의 진단과 대책을 달리 하는 상황에서 한쪽에선 다른 쪽을 백안시(白眼視)하고, 또 다른 쪽에서는 반대쪽을 등한시(等閑視)하는 등 서로 이견 표출과 갈등만을 되풀이하였다. 이러한 상황에서는 개혁 과제의 추진보다는 개혁 방향의 설정과 국민적 합의가 우선되어야 한다. 승자 독식, 적자생존의 원칙에서 패자 부활이나 개평의 정신이 서로 어우러질 수 있도록 교육 분야에 대한 게임의 룰을 서로 맞춰 보아야 할 것이다.

2) 초·중등교육에 대한 기대

정부는 국민들에게 많은 경제적 부담과 고통을 주어 왔던 사교육비 부담을 경감하고자, 지난 2004년 2월 사교육비 경감 대책을 마련하였고, 그해 4월부터는 인터넷을 이용한 EBS 수능강의도 실시하고 있다. 또한,

창의적 인재 육성을 위해 수준별 교육과정 운영과 선택 교과가 늘어난 제7차 교육과정을 시행하고 있으며, 각 부문의 창조적 영재의 조기 발굴과 육성을 위한 교육적 지원도 본격화하고 있다.

다만, 이제는 대중교육이냐 아니면 엘리트교육이냐는 양자 택일식의 이념적 다툼은 큰 의미가 없다고 본다. 튼튼하고 견실한 대중적 공교육의 기반 위에 다양하고 경쟁력 있는 엘리트교육이 균형과 조화를 이루어야 한다. 자립형 사립고나 특목고 등 평준화 보완의 문제도 이러한 관점에서 접근할 필요가 있다. 고교 평준화를 둘러싼 우리 사회의 논쟁은 매우 치열하다. 정부의 입장은 고교 평준화의 근간을 유지하면서 이를 보완하자는 입장이다. 그러나 다른 한편에서는 평준화 정책의 근본적인 폐지를 요구하는 목소리가 만만치 않으며, 특히 경제계에서 그러한 목소리가 높다. 고교 평준화 폐지론자들에 따르면, 치열한 세계 경쟁에서 이기기 위해서는 우수한 인재를 조기 발굴해서 키워야 하며, 이는 선택권 확대와 경쟁을 통해서만 가능하다는 입장이다. 이들에 따르면, 현재의 고교 평준화 체제는 학력의 하향 평준화, 공교육 황폐화의 주된 원인이라는 것이다.

그러나 우리 나라처럼 대입 경쟁이 치열한 나라에서 대중교육인 고등학교 진학에서부터 경쟁 원리를 도입하게 되면 자칫 입시 준비 때문에 중학교의 정상적 교육과정이 무너지고, 청소년들의 심신 건강도 크게 훼손될 것이 불을 보듯 뻔하다. 또한 우리 사회 내부의 치열한 저항 때문에라도 평준화 폐지는 현실적으로 그리 쉽게 이루어질 일도 아니다. 평준화를 폐지하기보다는 내적 다양화, 특성화를 통하여 체제의 역동성과 경쟁력을 높이고, 아울러 여기에 교육의 수월성을 추구할 수 있도록 관련 제도를 보완해 나가는 것이 필요하다.

내적 다양화, 특성화를 위하여는 무엇보다 수준별 이동 수업의 확대와 학교군별 선지원·후추첨 배정의 확대, 특성화학교 및 자율학교의 확대, 영재학급 및 영재교육원의 설치 등이며, 아울러 본래의 설립 취지에 맞는 특목고와 자립형 사립학교의 육성 방안을 추진할 필요가 있다.[48] 물론, 학교현장에서 다양한 교육이 이루어질 수 있도록 단위학교에 보다 많은 권한과 자율이 보장되도록 해야 한다. 그리고 학생들이 사회에 진출하여 직업을 통해 행복을 추구하며 생산적인 성인이 되는 데 필요한 학교 내외의 진로교육도 활성화해야 하며, 시민사회에서 필요한 덕성과 사회적 능력을 기르고 세계화가 요구하는 문화적 다양성을 적극 수용하는 한국인 육성을 위한 국제 이해 교육도 발전시켜 나가야 한다.

3) 대학구조개혁과 교육 경쟁력 강화

우리의 대학교육은 대중화 단계를 지나 보편화 단계에 진입하였으나, 사회 발전과 지속적 성장을 선도할 과학기술 등 핵심 전략 분야 인재 양성을 위한 투자와 노력은 부족한 실정이다. 특히, 전략 산업의 급속한 성장에 따라 이 분야의 인력 수요는 전 세계적으로도 매년 폭발적으로 증가하는 추세이다.[49] 그러나, 우리의 대학이 국가 발전을 위한 중심적 역할을 수행할 수 있으려면 현재의 대학 기능과 역할 수행 방식에 근본적인 변화가 있어야 한다. 즉, 대학들이 연구 역량을 선진국 수준으로 제고하고 경직된 규제로부터 자율성을 획득하고 이를 바탕으로 산학연 협력에 적극 나서도록 하는 것이 바로 그것이다.

---

48) 안병영 교육부총리 대한상공회의소 특강, '인적자원 강국을 위한 교육정책의 방향', 2004. 3. 26.

49) 이미, 정부는 지난 2002년에 향후 고부가가치가 예상되는 전략 분야(IT, BT, NT, ET, ST, CT)에 범정부 차원에서 '06년까지 2조 2천4백억 원을 투자하는 계획을 수립 발표한 바 있다.

그 동안 대학교육 · 연구의 수준은 많이 향상되었으나, 세계 수준의 경쟁력 확보에는 미흡한 것이 현실이다. 기초 학문 분야는 지속적으로 보호하되, 국제 경쟁력 있는 분야의 대학원과 연구소를 집중 육성하는 등 세계적 수준의 대학교육 · 연구 역량 확충이 우리가 해결할 중요한 과제라고 생각한다. 아울러, 지방대학을 '지역 발전의 중심축'으로 육성하여 산학연 협력 체제를 강화해 나가고 지역 혁신 네트워크를 구축하는 것도 시급한 과제이다. '학교기업 제도'를 도입한 것은 그 좋은 예라 할 수 있다.

대학 진학자와 대학졸업자의 증가로 과잉 교육 및 하향 취업 현상에 대한 문제가 1970년대 이후 한국에서도 계속 지적되고 있다. 2003년도 고교 졸업생 590,413명에서 대학 진학자(전문대 포함)는 79.7%인 470,702명에 달한다.[50] 또한, 출생 인구의 급격한 감소로 고교 졸업생은 2020년 48만 명, 2021년 43만여 명으로 예상되고 있어, 현재 고등교육기관 입학 정원 65만 명이 계속 유지된다면, 2008년에는 입학 정원의 약 15%인 9만5천 명, 2021년에는 입학 정원의 34%인 22만 명의 미충원 발생이 예상된다. 세계 각국도 국가 경쟁력 강화를 목적으로 대학 교육 · 연구의 수월성을 높이기 위한 다양한 정책을 추진 중이다. 이러한 고등교육 보편화 시대에 과잉 교육의 문제가 제기된 상황에서 대학 경쟁력 제고 및 교육 · 연구 수준의 향상을 위해서는 증원 · 증과 위주의 양적 확대에서 탈피하여 교원 1인당 적정 학생 수, 대학 특성화, 교육 · 연구 지원 체제 개편 등 고등교육의 질적 수준 제고 추진이 필요하다.

현재, 정부는 지난 몇 년 간 추진해 온 BK21 사업(Brain-Korea) 정책에 대한 경험을 바탕으로 독창적 지식기술 창출의 기지로서 대학원 중심으로 대학의 역량을 전환하기 위해 '06년부터 Post-BK21 사업을

50) 이 중에서 4년제 대학 진학률은 56.9%를 차지한다(2004 교육통계연보 참조).

추진 중이다. 그리고 분야별로 특성화된 지방대학을 육성하고 지역 발전을 촉진할 지역 인적자원 개발을 지원하기 위해 2004년도에만 약 2,000여억 원을 투자하여 지방대학을 중심으로 대학, 지자체, 산업체, 연구소, NGO 등이 참여하는 '지방대학 혁신 역량 강화 사업'을 추진하고 있다.

그러나 이것만으로는 부족하다. 학령 인구 감소, 비정규 교육기관의 증가, 교육 시장 개방 등 고등교육 시장의 경쟁적 환경이 보다 가속화될 것이므로, 대학의 과감한 내부 혁신을 통한 특성화 위주의 대학 경쟁력 제고를 적극 유도할 필요가 있다. 앞으로는 무분별한 종합대학 설립 허가도 지양되어야 한다. 그리고 대학의 특성화를 보다 과감히 요구해야 한다. 엄정한 평가와 선택과 집중에 기반한 재정 지원으로 교육 여건 개선 등 대학의 자구 노력을 보다 강도 높게 요구할 필요가 있다.

4) 국가 인력수급 정책 방향

21세기 혁신주도형 경제에서는 '지식과 사람'이 경제 발전을 견인하고 있으나, 현재, 심각한 문제는 대학교육과 기업이 필요로 하는 인력들의 지식 및 기술 수준 사이에 심각한 괴리가 있다는 것이다. 다시 말해, 전공과 상관 없이 일자리를 구하는 '전공과 직무의 불일치 현상'(job mismatch)과 '숙련 · 직무능력의 불일치 현상'(skill mismatch)이 바로 그것이다. 특히, 우리의 경우 "핵심 인력, 중견 인력" 부족 문제가 매우 심각한데, 매년 24만 명의 4년제 대학 졸업생과 25만 명의 전문대학 졸업생을 배출해 내고 있으나, 청년 실업 문제와 일자리 불일치 문제는 더 이상 교육 문제로만 그치지 않는다.

먼저, 기업 등 사회 수요에 부응하는 인재를 양성할 수 있도록 대학교육을 크게 개편할 필요가 있다. 산업계 수요에 맞는 학과 개편, 주문형, 맞춤형 교육과정 운영 등 교육과정의 현장 적합성 제고에 힘을 기울여야 한다. 지역 전략 산업을 육성하기 위해 산 · 학 · 연 · 관의 유기적 연계를 통한 지역 특성화 클러스터의 조성이 그 좋은 예이다. 아울러 노동시장에서 다시 학교로 돌아와 교육을 받을 수 있는 이른바, 'work to school' 형태의 평생교육 체제를 구축할 필요가 있다.

현재는 각 대학에 산학협력 계약 체결, 기술 이전, 지적재산권 관리, 창업을 지원하는 산학협력단이 각 대학마다 구성되어 있고, 교육과정과 연계하여 물품의 제조 · 판매 활동을 허용한 학교기업 제도가 도입되어 있지만, 실효성을 거두기에는 아직 활성화되어 있지 못하다. 향후, 산학협력 전담 교수제를 도입하고, 현장 실습 학점 및 학기제 운영 등 다양한 산학협력 촉진 정책들이 시행될 필요가 있다. 그리고 학생의 노동 시장으로의 이행(school to work)을 원활히 하기 위해 범정부 차원에서 국가 인적자원 중장기 인력수급 계획을 마련하여 체계적으로 관리하여야 한다. 이는 학생들에게 전공 선택 등 미래 설계에 유용한 자료가 될 수 있으며, 대학에게는 학과 설 · 폐 및 정원 조정을 할 수 있는 기초 자료로 유용하게 활용될 수 있다.

최근 "산업 수요에 부응하는 교육"이나 "수요자 중심의 교육" 등이 강조되면서, 산업계 · 경제계의 교육 부문에 대한 불만이 그 어느 때보다도 매우 높다. 그러나 우리 나라의 기업인들이 학교에 대한 기대와 비판을 제기할 때 많은 경우 그것이 기업 또는 산업계의 기대와 비판이라기보다는, 학부모로서의 기업인의 입장에서 교육에 대한 불만족인 것을 보고 놀란 적이 있다. 그만큼 기업의 정당한 이해관계에 입각한 교육에의 기대라고 보기 어려운 측면도 사실 일부 있었다. 일반적으로, 산업 수요에 부응하는 다양한 인재 양성 방안으로는, 기업이 원하는 인재 양성을 직접하거나, 기업이 교육 훈련 사업자와 계약을 통해 인재를 공급받는 방법 등을 생각할 수 있으나, 이들은 학교교육을 통한 인재 양성의 보완에 머물고 있는 실정이다. 결국 문제 해결의 중심은 우리 나라의 인력 양성 체제를 기업의 인재 수요에 부응할 수 있게 혁신하는 방안을 검토하는 것이라 할 수 있다.

다만, 산업계와 학교는 직접적인 거래 당사자가 아니므로 현재 수요정보의 전달 채널(메카니즘) 자체가 확립되어 있지 않다. 그렇기 때문에 기업의 수요를 과학적으로 명료하게 정리하여 이를 교육정책과 교육현장에 전달 반영하려는 노력이 필요하며 여기에는 상당한 경비가 소요된다. 학교나 교육계가 이 경비와 시간을 들여 이러한 작업을 하라고 기대하는 것은 무리이다. 기업계 스스로가 이 작업을 해야 한다고 생각한다.[51)]

향후, 산학협력의 장애물을 제거하기 위한 법제가 정비되고 산학협력이 활성화되면 교육에 대한 산업계의 수요는 상당한 정도 이를 통해 학교에 전달될 수 있을 것이다. 그러나 그 경우에서도 이른바 집합적인 공동 노력을 통한 산업계의 교육정책 참여의 필요성은 더욱 커질 것이다. 단순한 협력 차원의 산학협동이 아닌, 각 주체들이 학교 커리큘럼 운영에 참여하는, 실질적인 산학연 연계 체제를 구축할 필요가 있다. 자격 제도 운영도 대학 등 교육기관, 민간 교육 훈련 사업과 긴밀히 연계되어야 하며, 더 나아가 기업은 중요한 민간 자격을 개발하고 직접 운영함으로써 자격제도의 발전에 기여해야 한다고 본다. 그렇기 때문에 교육정책 분야에서 정부-경제계 간의 대화와 파트너십의 체제를 구축하는 것은 앞으로 긴요한 과제가 될 것이다.

5) 교육 개방에 대한 준비

WTO 체제 출범 이후 '개방과 개혁'은 세계의 모든 국가가 더 이상은

51) 정기오(교원대 교수), 2003년 학술지 발표자료 참조.

피할 수 없는 현실이 되고 있다. 이러한 흐름 속에서 세계 각국은 서로 우위를 점하고 경쟁력 있는 인력 양성을 위해 다양한 대책을 마련 중에 있으며, 우리의 경우도 마찬가지라고 할 수 있다. 사실, 지금 논란이 되고 있는 교육 개방에 대한 문제를 이해하고 이에 대한 적절한 대책을 고민하기 위해서는 이를 둘러싼 국제 질서의 변화와 그 흐름을 먼저 살펴볼 필요가 있다.

WTO의 전신이던 GATT 체제(관세와 무역에 관한 일반협정)가 상품 교역만을 관할해 온 협상기구였던 것과는 달리, 1995년에 출범한 WTO(세계무역기구)는 상품·서비스·지적재산권을 모두 관할하게 된다. 이러한 WTO가 출범함에 따라 GATS(서비스교역에 관한 일반 협정)도 효력을 발휘하게 됐는데, GATS는 서비스 분야의 국제간 교역을 다루는 최초의 국제적 규범으로서 교육도 서비스 상품으로 보고 교역 대상에 포함시키게 된다.

지금 논란이 되고 있는 교육 개방은 이 서비스 시장 개방 협상이 진행됨에 따라 불거져 나온 것이다. WTO는 지난 1999년 미국 시애틀에서 반세계화 움직임과 개발도상국의 반발에 직면해 3차 각료회의가 무산되는 등 한때 주춤했으나, 2001년 11월 카타르 도하에서 WTO 4차 각료회의를 통해 우루과이 라운드(86년~94년)를 잇는 DDA 협상체제(Doha Development Agenda)를 출범시킴으로써 교육 부문도 본격적인 개방논의가 진행되게 된다.

이와 관련하여, 지난 2003년 3월 교육인적자원부는 "공공성이 강한 초·중등교육 부문은 개방 대상에서 제외하고, 고등교육과 성인교육 일부에 한해 개방하되, 비영리 학교법인만이 학교를 운영할 수 있으며 수도권 지역 내 외국 대학 신설도 제한"하는 내용으로 양허안(개방 계획안)을 제출한 바 있다. 이 과정에서 일부에서는 "교육 개방이 교육의 공공성을 침해하고 지나친 상업화로 인해 교육 기회의 불균형을 심화시킬 것"이라고 주장하면서 교육 개방 협상의 전면적인 중단을 요구하기도 하였다.

이와 반대로, "교육 개방은 해외 유학 수요를 국내에 흡수함은 물론, 우수 외국 교육기관의 국내 진출을 촉진하고 경쟁을 통한 국내 고등교육의 질 제고를 통해 국제화된 고급 인력을 양성"할 수 있으므로 더 적극적인 개방을 요구하는 목소리도 있었다. 하지만, 우리들이 간과해서는 안 될 것은 오늘날과 같은 국제화 시대에서는 불편하고 일부 부작용이 우려된다고 해서 '개방 문제'를 막연히 피해갈 수 없으며, 교육의 공공성과 국제 경쟁력을 조화시킬 수 있도록 '내부 개혁 문제'와 연계하여 나가야 한다는 점이다.

고등교육이 보편화된 시대에 '개방'이라는 문제를 성숙하게 대처하기 위해서는 국내 대학들은 지금부터라도 양적 팽창주의에서 벗어나 대학 특성화와 교육·연구 지원 체제 개편 등 차별화된 대학으로 변신할 수 있도록 자체 대학구조개혁을 서둘러야만 할 것이다. 앞으로 정부도 WTO 교육 협상에서 교육 개방에 대한 우리의 입장을 명확히 전달하고 이를 관철함으로써 개방에 따른 부작용을 최소화하는 데 적극적으로 노력해야 함은 물론이다.

하지만 대학들도 교육 여건 개선 등 대학의 자구 노력을 적극 추진해야 한다. 교육은 한 국가의 정체성을 뒷받침하므로, 그 중요성은 아무리 강조하여도 지나치지 않다. 너무나 당연하며 어쩌면 다른 무엇보다도 중요한 최우선 국가적 과제라고 할 수 있다. '개방과 개혁'이라는 어려운 교육적 난제를 맞이하여 이 두 가지의 목적을 조화롭게 달성해야 한다. 정부도 DDA 협상과는 별도로, 지난 2005년 국회에서 '제주 국제자유도시 및 경제자유구역 내 외국 교육기관 설립·운영에 관한 특별법'을 통과시켰다. 이 특별법은 경제자유구역(부산, 인천, 광양) 및 제주도에 한해 외국인의 생활 여건을 개선하여 외국인 투자 유치를 촉진하기 위한 것으로서, WTO DDA 협상과는 별개의 것이다. 이 특별법에는 동북아 중심국가의 기틀 마련과 경제자유구역 및 제주도에 거주하는 외국인의 교육여건 향상을 위해, 경제자유구역에 설립하는 외국 교육기관과 제주도에 설립하는 외국 대학의 설립·운영 등에 관한 사항을 규정하고 있다.[52] 법안이 통과됨에 따라 경제자유구역으로 지정된 부산·인천·광양 지역에서 외국학교의 설립도 가능해졌다. 이들 외국 교육기관에는 내국인도 거주 여부에 관계없이 입학할 수 있고, 일정 과목만 이수하면 국내 학교와 똑같이 학력을 인정받게 된다. 학생 선발은 학교장이 알아서 한다.

다만, 교육계(敎育界) 일부에서는 교육 개방에 따른 부작용을 이유로 여전히 반대하고 있으며 특히, 외국인학교의 내국인 입학 자격(현행 5년이상) 완화를 두고는 경제단체와 시민사회단체간에 수년간 갈등을 빚은 바 있다.

국제화 시대에 교육이 보다 다양해져야 하고 개방도 보다 확대해야 한다는 시대적 필요성은 인정해야 한다고 본다. 다만, 보편교육인 중·고교 단계에서 교육 수요를 시장이나 외국에 완전히 노출하는 것은 국가 정체성 측면에서도 그리고 정책적 측면에서도 적절치 않다.

구한말 강제 개방이 불러온 아픈 역사를 굳이 들추지 않더라도, 교육 개방의 시기와 폭을 결정하는 데는 먼저 사회구성원의 합의 도출이 필요함은 너무나 당연하고도 중요한 일일 것이다. 개방 문제를 둘러싼 많은 분들의 우려와 관심이 극단적인 이념적 대립으로만 그치는 것이 아니라,

52) 열린우리당 소속 교육위원회 의원들은 "공교육을 붕괴시킬 수 있다"며 법안 통과에 반대하였으나, 2005년 9월 학교 개교를 예정하고 있어 2005년 5월 특별법은 국회에서 통과되었다.

동북아 시대를 선도하는 인적자원 강국 실현을 위해 우리 교육의 체질 개선으로 거듭날 수 있도록 해야 할 것이다.

6) 평생교육의 강화

우리는 지금, 지식과 정보를 새롭게 창출하고 활용하는 능력이 그 어느 때보다 요구되는 지식기반사회에 살고 있다. 새로운 지식과 정보를 습득하는 일은 개인의 자산이 됨은 물론 국가의 부를 창출하는 원천이기도 하다. 이러한 변화된 환경에서 평생학습과 계속교육은 이제 '선택'의 문제가 아니라, 개인과 조직과 국가의 생존을 위한 '필수'가 되었다.

이제 세계 각국은 "누구나, 언제, 어디서나 참여가 가능한 유비쿼터스 평생학습 체제"를 구현하는 데 많은 관심과 노력을 기울이고 있다. 지금 세계는 세계화와 정보화의 급속한 진행으로 인해 지식과 정보 그 자체보다는 그것을 활용할 수 있는 우수 인력의 중요성과 가치가 보다 더 부각되고 있다. 이제 특정 시기와 장소로 한정된 학교교육만으로는 지식기반사회에 필요한 학습 수요를 감당하기 어렵게 되었으며, 많은 사람들이 평생학습과 계속교육에 힘쓰는 이유가 바로 여기에 있다. 그러한 점에서 지금이야말로 평생학습사회를 실현하는 일이 개인적으로나 국가적으로 매우 시급한 과제라고 할 수 있다.

이러한 평생학습은 이제 사회 혁신을 위한 가장 중요한 전제 조건이 되고 있다. 그럼에도 불구하고 직장이나 사회 활동 등의 제약 요건 때문에 우리의 경우 국민들의 평생학습 참여율은 상당히 낮은 편이다. 최근 들어 노동시장의 유연화가 가속화됨에 따라 실업의 위험이 늘어나고 평생교육의 필요성이 새롭게 증대되고 있다.

우리 나라의 교육은 단기간 내에 양적 성장을 이루었으나, 진학 기회를 놓친 성인 인구 규모가 매우 크다는 약점을 여전히 가지고 있다. 특히, 최근 들어 노동 시장의 유연화가 가속화됨에 따라 실업의 위험이 높아지고 평생학습의 필요성이 새롭게 증대되고 있으나, 성인(25~64세)의 계속교육 참여율은 선진국과 비교해 볼 때, OECD 국가 평균의 1/3~1/4 정도에 불과하다. 또한, 주 5일근무제(주 40시간근무제)의 확산에 맞추어 늘어나는 여가를 사회 · 경제적 성장과 발전의 계기로 활용할 수 있도록 평생학습 전략에 입각한 접근이 필요하다. 성인들이 쉽게 접근할 수 있는 원격교육 방식의 학습 기회를 보다 다양하게 확충할 필요가 있으며, 성인을 대상으로 대학에 직업교육 과정을 설치하는 방안도 마련되어야 한다.

그리고 이제는 기업도 보다 적극적이어야 한다. 기업은 학교에 투자하여 주문식 · 맞춤식 교육을 이루어지게 하고 대학교, 연구소, 학생 및 학부모에 다가가서 기업 환경 변화 및 기업이 요구하는 인재상을 적극 알릴 필요가 있다. 이를 통해 평생교육 차원에서 학교와 기업간 연계 프로그램을 적극 개발해야 한다.

별 첨

✍ 별첨 1 : 참여정부 주요 교육정책 이슈 연혁표 (2003~2005)

✍ 별첨 2 : 교육관련 소속단체 · 유관단체 · 시민단체 현황

✍ 별첨 3 : 참여정부 대통령직인수위원회 발표 12대 국정과제 (2003. 3)

✍ 별첨 4 : 현안 및 주요 정책과제

교육의 목표는, 사실이 아닌 가치에 대한 지식이다.

- W. R. 잉그

별첨 1

참여정부 주요 교육정책 이슈 연혁표(2003~2005)

1. 2003년

구분	일자	교육정책 ISSUE	비고
1	2003-01-14	■ **법원의 수능 '불합격처분 효력정지' 결정에 따라 탈락자의 소송 쇄도** ▪ '소수점 이하 반올림 방식'을 통한 점수산정에 대해 법원이 '효력정지' 처분을 내림에 따라 수능 원점수를 이용한 대학에 소송이 쇄도 ▪ 이에 교육부 "2003년 현행유지, 2004년 검토 · 보완" 강조	
2	2003-01-17	■ **대학등록금 5~10% 인상** ▪ 국립대의 등록금 인상이 전면 자율화된 가운데, 주요 대학들이 등록금 인상률을 지난해보다 다소 높은 5~10% 선에서 결정할 것으로 발표	
3	2003-02-06	■ **"외국인학교 입학자격 완화계획", 대통령직 인수위 반대로 유보** ▪ 외국인학교에 대한 내국인 입학자격을 대폭 완화하려던 정부계획이 대통령직 인수위원회 반대로 유보 ▪ 교육부, 입학자격 완화는 사회적 합의가 필요하며 새 정부 출범 후 공청회 등을 거쳐 추진하겠다고 설명	
4	2003-03-08	■ **윤덕홍 교육부총리, 수능 '자격고사' 전환 검토** ▪ 입시과외로 인한 고교 교육의 황폐화를 막기 위해	

		장기적으로 대학 수학능력시험을 자격고사로 전환하여 비중을 낮추는 방안을 검토 ▪ "다만, 7차 교육과정이 적용되는 2005년 수능시험은 현행 유지" 설명	
5	2003-03-18	**■ 윤덕홍 교육부총리, NEIS 시행 "유보" 발언 논란** ▪ 尹부총리가 언론에 NEIS "중단 내지 유보" 방침을 표명하자 교육부의 고위관료들이 사실상 이를 번복 ▪ '신임부총리와 실무진의 정책혼선 가중' 비판 제기	
6	2003-03-21	**■ 교육부 "교육시장 개방案 WTO 제출 유보" 결정** ▪ WTO 교육시장개방에 대해 교육전문가와 교육단체 등의 여론을 수렴한 결과 양허안을 제출하는 것이 어렵다고 판단 ▪ 교육개방의 당위성과 양허안 제출을 주장하는 재경부 등과 마찰 예상	
7	2003-04-23	**■ 盧대통령 "공론화" 필요하다며 전교조 反美교육 대책 지시** ▪ 反戰은 세계적 현상이지만, 反美는 합의가 필요한 사안이라고 하면서 ▪ 전교조가 反戰 사상교육을 하는 과정에서 反美내용을 포함하고 있는지 사실여부를 파악하여 대책을 마련하라고 지시	
8	2003-05-13	**■ NEIS 관련 교육계 갈등 고조** ▪ 교육행정정보시스템(NEIS)의 시행을 둘러싼 교육계의 갈등이 정치권, 노동계 등 사회각계로 번지면서 사회분열 양상으로까지 확대	
9	2003-06-16	**■ '안티 전교조' 시민단체 출범** ▪ 이상주 전 교육부총리, "전교조에 대항하는 시민단체 출범" 시사 ▪ 同 단체 안에 교권침해 인터넷고발센터와 지역별 모니터링 그룹, 법률지원단 등을 구성하여 전교조에 정면 대응할 것이라고 밝힘	

10	2003-07-05	■ **집단 年暇투쟁 주도교사, 직위해제** ▪ 서울시 교육청, 집단연가와 불법집회를 주도하여 법원에서 유죄판결을 받은 전교조 집행부 간부 5명을 직위해제	
11	2003-09-03	■ **"수능 개인석차 공개해야", 법원판결 파장** ▪ 서울행정법원, 고3 수험생 6명이 제기한 '정보공개 청구 거부처분 취소 청구소송'에서 원고승소 판결 ▪ 이에 대해 교육부와 한국교육과정평가원은 총점기준 수능성적 및 석차 비공개 원칙을 고수하며 상급법원 항소 검토	
12	2003-09-23	■ **판교 학원단지 조성 논란** ▪ 尹부총리, 22일 국회 교육위 국정감사 답변에서 "평준화에 맞지 않고 사교육을 조장한다."며 판교 학원단지 조성에 "반대"입장 표명 ▪ 盧대통령, '부처간 협의 미흡'을 질책하고 '치밀한 연구와 토론' 지시	
13	2003-10-13	■ **한국 사교육비 OECD 국가 중 1위** ▪ 한국무역협회가 12일 발표한 '203개 경제·무역·사회지표로 본 대한 민국'에 따르면, 교육기관에 대한 지출은 GDP의 6.80%로 OECD 30개국 중에서 1위를 차지 ▪ 민간교육기관 지출(사교육비)에서도 2.73%로 1위를 차지	
14	2003-11-23	■ **수능성적 비관자살 및 복수정답 논란** ▪ 수능시험을 치른 고3 여고생이 성적을 비관하여 아파트에서 투신자살 ▪ 23日 한국교육과정평가원은 오답시비가 일고 있는 언어영역 문제를 전문학회에 검토 의뢰 ▪ 29日 "이의신청 심사결과, 잘못 출제된 문제나 복수정답은 없다" 결론	
15	2003-12-16	■ **NEIS 운영방식 타결**	

		▪ 국무총리실 산하 교육정보화위원회는 15日 전체회의를 열어 ▪ NEIS관련 27개 영역중 24개 영역은 기존대로 통합시스템에서 관리하고, ▪ 인권침해 논란을 부른 교무 · 학사, 보건, 입학 · 진학 등 3개 영역은 DB서버를 16개 시 · 도교육청에 두되 학교별 · 그룹별로 독립 서버를 운영하는 방안을 만장일치로 확정	

2. 2004년

구분	일자	교육정책 ISSUE	비고
16	2004-01-14	■ **'평준화 교육' 논란** ▪ 공교육체제의 개혁과 관련해 '현행 평준화의 틀을 깨고 완전 경쟁체제로 가자'는 견해와 '평준화의 수정 · 보완' 견해가 대립 ▪ 안병영 부총리 8日 기자간담회서 '평준화 기본틀은 유지하되, 특목고 · 자립형 사립고 등을 통해 제도상의 문제점을 보완'한다는 원칙 밝힘	
17	2004-01-26	■ **서울대 입학 '학력세습', 연구결과 발표** ▪ 서울대 사회과학연구원의 입학생 인적사항과 가족관계 분석결과, ▪ 1980年 이후 강남지역 출신의 입학률이 전국평균의 2.6배에 달하였으며 2000年 이후 전문직 · 고소득층 자녀 입학률이 他직종 자녀의 입학률보다 16.5배 높은 것으로 나타남	
18	2004-02-18	■ **교육인적자원부 '사교육비 경감대책' 발표(11日)** ▪ 수능은 '교육방송 수능강의'를 들으면 충분히 대비할 수 있도록 출제 ▪ 학교 밖 과외를 학교 내로 흡수하기 위해 학교운	

		영위원회의 동의를 거쳐 '수준별 보충수업' 실시 ▪ 대입제도는 내신 반영비율을 높이고 비교과영역을 적극 활용토록 권장	
19	2004-02-24	■ **왕따 동영상 중학교장 자살** ▪ 인터넷에 유포되어 물의를 빚은 '왕따 동영상' 파문이 발생한 경남 창원시 ○○중학교의 교장이 22日 자택에서 자살	
20	2004-03-26	■ **'사대출신 가산점', 위헌 결정** ▪ 헌법재판소는 25日 헌법소원 판결을 통해 사대출신 임용시험 가산점 제도가 공무담임권을 침해한다는 이유로 위헌 결정 ▪ 교육인적자원부 2005학년도 임용시험부터 가산점 폐지	
21	2004-04-07	■ **EBS 수능강의 50여만 명 육박** ▪ EBS 자체조사 결과, 조사대상 고교생(670명)의 74.6%가 수능 강의를 시청한다고 답변 ▪ EBS 인터넷 수능강의 전용사이트 EBSi의 회원가입자가 50만 명을 돌파	
22	2004-05-3주	■ **농어촌 1군 1명문고 육성** ▪ 교육부는 21日 공청회를 열어 소외계층의 교육여건 개선대책을 담은 '참여정부 교육복지 종합계획' 발표 ▪ 2005년부터 농어촌 모든 군(郡)에 1개 고교를 선정하여 장학금지원, 기숙사 완비, 우수교사 배정 등을 통해 명문고로 육성하는 방안 추진	
23	2004-07-14	■ **학부모감사청구제 도입** ▪ 교육부는 21日 공청회를 열어 국·공·사립 초·중·고교와 대학, 그리고 교육청이 법령을 어기거나 부패행위를 했을 때 학부모가 상급기관에 감사를 청구할 수 있는 '학부모감사청구제'를 실시한다고 발표	

24	2004-08-09	■ **중국 고구려사 왜곡 관련 논란 확산** ▪ 중국이 '왜곡 시정' 요구를 거부한 이후 우리 정부는 한·중 갈등의 장기화에 대비, 중국압박을 강화하는 한편 중·장기적 해결방안을 모색 ▪ 네티즌 등 일반국민들의 비판이 거세지는 가운데 여야는 '고구려사 왜곡 대책특별위원회' 구성 논의를 시작	
25	2004-09-08	■ **2008년도 대입제도 첫 공청회서 '첨예 대립'** ▪ 7日 '수능 등급제'를 골자로 하는 '2008 대입제도 개선(안)' 공청회 시행 ▪ 이에 대해 대학들은 수능의 변별력, 내신의 신뢰성, 학교격차의 문제 등을 근거로 자율성 확대를 요구한 반면 ▪ 교원·학부모단체는 수능 9등급제 역시 과도한 경쟁과 대학서열화를 부추긴다며 수능 완전 폐지를 주장	
26	2004-10-14	■ **고교등급제·본고사·기여입학 금지, '3不정책' 법제화 추진** ▪ 교육부와 열린우리당은 13日 긴급 당정협의를 열어 고교등급제, 기여입학제, 본고사 금지 등 이른바 3불정책의 법제화 추진키로 합의	
27	2004-11-23	■ **'휴대전화' 수능부정 파문** ▪ 2005학년도 광주지역 수능시험 부정행위 주범급 고교생 6명 구속 ▪ 시·도교육청 홈페이지와 인터넷 포털사이트 게시판에 부정행위 수법 등에 대한 제보 봇물 ▪ 교육부 특별감사를 통해 관계자 전원 중징계 방침	
28	2004-12-01	■ **수능휴대폰 부정수사** ▪ 휴대폰 수능시험 부정행위 가담자들이 전국에 걸쳐 점차 늘어나는 등 수능부정 파문이 확산되	

		는 가운데 ▪ 1日 경찰이 휴대폰부정 수사대상을 '숫자메시지'에서 '문자메시지를 포함한 숫자메시지'로 확대키로 결정하여 대입전형에 차질 예상	
29	2004-12-08	■ **OECD 2003년 PISA 보고서** ▪ 7日 경제협력개발기구(OECD) '학업성취도 국제비교(PISA)'보고서 발표 ▪ 한국의 高1 학생, 문제해결력 소양평가에서 세계 1위에 랭크 ▪ 수학은 3위, 과학은 4위로 높은 수준이지만 2000년 평가와 비교할 때 수학은 1단계, 과학은 3단계 하락한 수치	
30	2004-12-14	■ **수능부정 314명 최종 무효처리** ▪ 교육부는 13日 '수능 부정행위 심사위원회' 3차 회의를 열어 경찰청에서 2차로 넘겨받는 수험생 수능부정 관련자 가운데 86명의 시험을 무효처리 ▪ 이로써 2005학년도 대입 수능 부정행위로 총 314명 시험이 무효 처리	

3. 2005년

구분	일자	교육정책 ISSUE	비고
31	2005-01-11	■ **이기준 부총리 임명 논란** ▪ 이중국적을 가진 장남의 병역기피, 서울대 총장 시절의 판공비 문제 등 의혹으로 인해 취임 57시간 만인 5日 오후 사퇴 기자회견 ▪ 盧대통령, 인사파문의 책임을 물어 민정수석·인사수석의 사표 수리	
32	2005-01-06	■ **대학 학자금대출 확대**	

		▪ 교육부와 재경부는 5日 학자금신용보증기금 창설 방안 추진키로 합의 ▪ 금융사는 대학생들에게 학자금 · 생활비를 대출해 주고, 학자금신용 보증기금이 이를 보증하는 방식으로 추진	
33	2005-01-20	■ **서울시 교육청 '고교 내신 부풀리기' 실태 확인** ▪ 19日 서울시교육청의 '2004년 내신성적 실태조사' 결과에 따르면 ▪ 서울시내 고교생의 국어 · 영어 · 수학 · 사회 · 과학 등 5개 과목 평균 '수' 비율은 20~25%대로 나타나 4~5명 중 1명 꼴로 수를 받음	
34	2005-02-01	■ **서울시 교육청의 학력신장방안 논란** ▪ 서울시 교육청이 초등 학력평가 학교자율 실시, 성적통지 방법 변화, 서술형 · 논술형 평가 확대 등을 내용으로 하는 '학력신장방안' 발표 ▪ 이에 대해 '공교육 신뢰회복' vs. '새로운 사교육 조장'의 논란 제기	
35	2005-02-14	■ **대학 구조개혁 급물살, 대학가의 '싸늘한 봄'** ▪ 2004年 12月 전국 대학 · 전문대 중 87개 안팎을 통 · 폐합으로 없애고 대입정원을 9만5천명 정도 줄이는 '대학구조개혁안' 발표 ▪ 13日 교육부는 구조개혁 일정을 확정하여 강도 높게 추진할 것임을 시사 ▪ 향후 대학 통 · 폐합 등 구조조정 로드맵 완성하여 3月부터 시행	
36	2005-03-17	■ **학교폭력, 정부가 나섰다** ▪ 14日 학교폭력대책기획위원회에서 신고교사 포상, 실적 우수학교에 인센티브 제공, 학교폭력 전담 스쿨폴리스 도입 등의 대책 발표	

		▪ 16日 총리주재 국정현안 정책조정회의에서 학교폭력을 4대폭력으로 규정하고 민관합동 폭력추방운동 전개, 취약지역 CCTV 설치 검토	
37	2005-04-01	■ **학교용지부담금 '위헌' 결정 파문** ▪ 3月 31日 헌법재판소에서 300가구 이상 공동주택을 분양받는 사람에게 징수하는 학교용지부담금에 대해 위헌 결정 ▪ 헌재 결정 이후 부담금 환급을 주장하는 민원이 쇄도	
38	2005-04-06	■ **日 역사왜곡, 독도문제** ▪ 日학교 65%가 채택한 중학 공민교과서 3종에 '독도는 일본땅' 기술 ▪ 정부는 교과서왜곡 대책반 회의를 열어 대책 모색, 일본외무성에 강력한 항의의 뜻 전달	
39	2005-05-04	■ **전교조 단상점거 무력저지로 '교원평가 공청회' 무산** ▪ 3日 오후 예정이던 '교원평가제도 개선안 공청회'가 전교조 일부교사 들의 무력 저지로 무산 ▪ 4日 총리주재 국정현안정책조정회의에서 개선안 시행 대책 집중 논의	
40	2005-05-09	■ **내신등급제 반대, 고1 촛불시위** ▪ '21세기 청소년공동체 희망'은 7일 오후 서울 세종로 교보빌딩 앞에서 '입시경쟁에 희생된 학생들을 위한 촛불 추모제' 시행 ▪ 참가자는 400명 정도였으며, 당초 예상과는 달리 물리적 충돌은 없었음	
41	2005-06-21	■ **교원평가제 "원점으로"** ▪ 20日 金부총리와 교육단체 대표들이 만나 '학교교육력 제고 특별위원회' 구성 방안을 협의	

		▪ 이날 '교원평가제'를 '학교교육력 제고사업'의 일환으로 추진하는 것과 교원평가제 시범운영시기를 '9월'에서 '2학기'로 바꾸는데 합의	
42	2005-07-02	■ **기여입학제 관련 논란** ▪ 6月30日 한국대학교육협의회에서 '기여입학제의 제한적 도입'을 건의 ▪ 1日 金부총리 이와 관련하여 "대한민국 헌법 정신에 비추어 볼 때 도저히 받아들일 수 없는 일"이라고 일축	
43	2005-07-05	■ **인권위, 중고생 두발규제는 기본권 침해** ▪ 국가인권위는 4日 "두발자유는 학생의 기본권이며 교내 두발제한은 교육목적상 필요한 최소한의 범위 내에서 실시하여야 한다."고 교육인적자원부 장관과 각 시·도교육감에게 권고	
44	2005-09-26	■ **초·중고 학교급식 운영상태 엉망(255건 적발)** ▪ 국조실은 4, 5월 두 차례 전국 70개 초중고교 학교급식 운영실태를 점검한 결과 모두 225건의 문제점 적발 ▪ 유형별로 보면 급식 운영관리 부적절 95건, 위생관리 부실 76건, 식재료 관리 허술 34건, 예산집행 부적절 40건, 기타 10건 등	
45	2005-11-03	■ **전교조 APEC 영상물 물의** ▪ 10月 31日 국회 대정부질문에서 한나라당 의원이 공개한 전교조 부산지부의 APEC 관련 교육영상물 파문 확산 ▪ 1日 각종 포털 사이트에 전교조의 편향성을 지적하는 비난 쇄도	
46	2005-12-12	■ **사학법, 사학-정부 정면충돌** ▪ 한국사학법인연합회는 12日 회장단 회의를 통해 사학법 개정안의 무효를 주장하고 학교 폐쇄·헌법소원 등 강력한 반발을 시사	

		▪ 교육인적자원부도 이날 시도교육감회의를 통해 "학습권을 볼모로 잡은 사학의 집단행동에 대해 엄정한 법적 조치를 취할 것"을 표명	
47	2005-12-29	■ **공영형 혁신학교 2007년부터 도입** ▪ 정부는 28日 경제민생점검회의를 개최하여 공영형 혁신학교 도입을 논의 ▪ 국가 · 지자체가 운영자금을 대고 학교 운영은 민간에서 자율적으로 하는 '공영영 혁신학교'를 2009년까지 전국 16개 시 · 도에 1개씩 설치	

별첨 2

교육 관련 소속단체 · 유관단체 · 시민단체 현황

1. 교육인적자원부 소속단체

기관명	홈페이지	주소	우편번호
사립학교교직원연금관리공단	www.ktpf.or.kr	서울 영등포구 여의도동 27-2	150-742
유네스코한국위원회	www.unesco.or.kr	서울 중구 명동2가 50-14	100-810
한국교육학술정보원	www.keris.or.kr	서울 중구 쌍림동 22-1	100-400
한국교직원공제회	www.ktcu.or.kr	서울 영등포구 여의도동 35-3	150-704
한국대학교육협의회	www.kcue.or.kr	서울 영등포구 여의도동 27-2 사학연금회관 12층	150-742
한국사학진흥재단	www.kfpp.or.kr	서울 서초 서초3 1720-2	137-885
한국전문대학교육협의회	www.kcce.or.kr	서울 중구 중림동 500 대우디오센터 7층	100-953
한국학술진흥재단	www.krf.or.kr	서울 서초 염곡동 304	137-748
한국학중앙연구원	www.aks.ac.kr	경기 성남 분당 운중동 50	463-791

2. 교육관련 유관단체

기관명	홈페이지	주소	우편번호
교육시설재난공제회	www.edufa.or.kr	서울 종로 적선동 80 적선현대빌딩 310호	110-756
국제백신연구소	www.ivi.int	서울 관악 봉천 7동 산 4-8 서울대연구공원내	151-818
대한사립중고등학교장회	www.sahack.or.kr	서울 종로 내자동 19 사학회관	110-053
산학협동재단	www.sanhakfund.or.kr	서울 서초 서초동 1337-31	137-072
전국교직원노동조합	www.eduhope.net	서울 영등포구 영등포동 2가 139 대영빌딩 4층	150-982
전국주부교실중앙회	www.nchc.or.kr	서울 중구 충무로5가 19-3	100-015
학습자료협회	www.ksma.co.kr	서울 마포 공덕 105-111	121-801
한국교원노동조합	www.kute.co.kr	서울 양천 신정4동 대청빌딩	158-860
한국교원단체총연합회	www.kfta.or.kr	서울 서초 우면 142	137-715
한국교육과정평가원	www.kice.re.kr	서울 종로 삼청 25-1	110-230
한국교육방송공사	www.ebs.co.kr	서울 강남 도곡2동 463	135-854
한국교육삼락회총연합회	www.hansamrak.or.kr	서울 서초 우면 142 한국교총회관 2층	135-715
한국교육정보진흥협회	www.kefa.or.kr	서울 서초 서초동 1443-14 현빌딩 6층	137-865
한국대학법인협의회	www.sahak21.or.kr	서울 마포구 도화 553 마스터즈타워 1009	121-040

한국대학사회봉사협의회	www.kucss.kcue.or.kr	서울 영등포구 여의도 27-2 사학연금회관 1202호	150-742
한국민간자격협회	www.kqa.or.kr	서울 종로 연지 136-56	110-740
한국사립초중고등학교법인협의회	www.sahak21.or.kr	서울 영등포구 여의도동 44-15 충무빌딩 8층	150-010
한국사학법인협의회	www.sahak21.or.kr	서울 마포구 도화동 553 마스터즈타워 1009호	121-040
한국유치원총연합회	www.yoochiwon.or.kr	서울 강남 역삼1 830-61	135-080
한국전문대학법인협의회	www.sahak21.or.kr	서울 중구 중림동 500 대우디오센터 409호	100-953
한국지도자육성장학재단	www.kosff1.or.kr	서울 서초 반포 44-1 장학재단빌딩 701	137-040
한국교육개발원	www.kedi.re.kr	서울 서초 우면동 92-6	137-791
한국학원총연합회	www.kaoh.or.kr	서울 용산 한강로2가 124-3	140-872
한국직업능력개발원	www.krivet.re.kr	서울 강남 청담2동 15-1	135-949
한국특수교육총연합회	www.kase.co.kr	서울 동작 사당3동 218-1 청보빌딩 6층	156-819

3. 교육관련 시민단체

단체명	전화번호	단체명	전화번호
공동육아와공동체교육	323-0520	우리역사바로알기시민연대	747-8515
가족아카데미아	732-8146	인간교육실현학부모연대	771-2490
경제정의실천시민연합	765-9731	장애우권익문제연구소	521-5364

공동체의식개혁국민운동협의회	736-4340	전국전문대학교수협의회	871-1146
교육개혁시민운동연대	586-0968	정의교육시민연합	473-9473
그린훼밀리운동연합	732-0890	참교육을위한전국학부모회	393-8900
기독교윤리실천운동	794-6200	청소년을위한내일여성센터	338-7480
녹색소비자연대	3273-7117	청소년폭력예방재단	585-0098
대한어머니회중앙연합회	512-0488	학교를사랑하는학부모모임	737-5184
대한주부클럽연합회	752-4227	한국걸스카우트연맹	733-2000
대한YMCA연합회	774-9702	한국교육연구소	3143-4424
민주개혁국민연합	051)852-4493	한국스카우트연맹	6335-2000
민주언론시민연합	392-0181	한국성폭력상담소	338-2890
민주화를위한전국교수협의회	885-3680	한국여성단체연합	313-1632
바르게살기운동중앙협의회	719-8111	한국여성민우회	737-5763
부정부패추방실천시민회	586-8436	한국우주정보소년단	739-6369
새세대육영회	413-1010	한국지역사회교육협의회	424-8377
색 동 회	3141-5504	한국청소년상담원	2253-3811
세계도덕재무장한국본부	2662-7764	함께하는교육시민모임	598-0963
소비자문제를연구하는시민모임	738-6565	홍 사 단	743-2511
아름다운학교운동본부	765-5778		

별첨 3

참여정부 대통령직인수위원회 발표 12대 국정과제(2003. 3)

정부명칭
참여정부

국정 목표
국민과 함께하는 민주주의 더불어 사는 균형발전 사회 평화와 번영의 동북아 시대

국정 원리
원칙과 신뢰 공정과 투명 대화와 타협 분권과 자율

분야	12대 국정과제
외교 · 통일 · 국방	- 한반도 평화체제 구축
정치 · 행정	- 부패 없는 사회, 봉사하는 행정 - 참여와 통합의 정치개혁 - 지방분권과 국가균형발전
경제	- 동북아 경제중심국가 건설 - 자유롭고 공정한 시장질서 확립 - 과학기술중심사회 구축 - 미래를 열어가는 농어촌
사회 · 문화 · 여성	- 참여복지와 삶의 질 향상 - 국민통합과 양성평등의 구현 - 교육개혁과 지식문화강국 실현 - 사회통합적 노사관계 구축

Ⅰ. 국정비전

1. 개 요

정부명칭 : 참여정부

국정목표

· 국민과 함께하는 민주주의
· 더불어 사는 균형발전 사회
· 평화와 번영의 동북아 시대

국정원리

· 원칙과 신뢰
· 공정과 투명
· 대화와 타협
· 분권과 자율

2. 의 미

(1) 새로운 시대와 '참여정부'

시대규정

· 우리 현대사는 건국의 단계, 산업화의 단계, 절차적 민주화의 단계를 거쳐 이제 실질적 민주화의 단계에 접어들었음
· 새로운 시대의 힘이 분출된 2002년은 봄의 민주당 경선과 여름의

월드컵, 겨울의 대선에 이르기까지 국민의 힘이 세상을 움직이기 시작했다는 것을 입증함. 이제 모든 힘의 중심에는 국민이 있음

· 지금은 원칙이 승리하고 국민주권이 실질화되는 국민승리의 시대, 경제와 사회분야가 조화롭게 발전하는 새로운 도약의 시대, 사회의 각종 독점과 집중, 갈등과 소외를 극복하는 통합과 균형의 시대, 남북관계의 질적 개선으로 동북아의 평화와 번영을 선도해야 할 시대임

➡ 노무현 정부의 성격과 '참여정부'

· 노무현 정부는 국민의 힘에 의해 탄생함. 원칙과 상식을 중시하는 국민들의 자발적 모금과 선거운동이 대선을 승리로 이끌었음

· 이제 국민과 시민의 개념이 바뀌고 있음. 그 동안의 방어적 · 저항적 개념에서 능동적 · 창조적 개념으로 국민과 시민에 대한 인식의 변화가 일어남

· 노무현 정부는 우선 국민 참여의 힘으로 탄생한 정부임. 새 정부의 탄생에서만이 아니라 향후의 국정운영에서도 국민의 참여는 핵심적인 역할을 하게 될 것임

· 또한 새 정부는 정의롭고 효율적인 사회를 위한 '합리적 개혁정부', 국가적 갈등구조를 해결하는 '국민통합 정부', 국민과 수평적 쌍방향적으로 소통하는 '열린 정부', 모든 국민에게 꿈과 용기를 주는 '희망의 정부'가 될 것임

(2) **국정목표**

➡ 국정목표는 국정원리와 더불어 새 정부가 5년간 끊임없이 추구해야 할 가치이자 목적임. 이것은 시대와 국민의 요구를 담고 있으며

모든 분야별 정책들의 최고 목표임

국민과 함께하는 민주주의

- 국민의 국정에 대한 참여의 형태에 따라 민주주의의 형태가 결정됨. 동원되는 국민이 아닌 참여하는 국민, 국민으로서의 책임과 권리를 포기하는 것이 아니라 이를 적극적으로 행사하는 국민이 성숙한 민주주의, 참된 민주주의를 가능케 함
- 과거에는 정치권과 정부가 특권세력화해 국민 위에 군림하는 국민을 각종 정치과정, 정책과정에서 배제해 왔음. 이제는 자발적이고 창의적인 국민이 국정과정에 적극 참여할 수 있도록 의식과 제도를 바꾸어야 함. 국민과 함께 국정을 이끌어가야 함
- 21세기 우리 사회의 새로운 도약을 위해 개혁은 필수적임. 그러나 개혁은 국민을 대상으로 만들고 국민들을 강제하는 것이 아니라 국민과 함께, 국민과 공무원들이 스스로 하는 개혁이 되어야 함

더불어 사는 균형발전 사회

- 우리 나라는 새로운 도약의 과제와 함께 통합되고 균형잡힌 성숙한 사회로 발전해야 할 과제를 안고 있음
- 우리 사회는 극한적인 대결과 투쟁의 문화를 지니고 있음. 이것은 그 만큼 불균형과 그로 인한 갈등이 심각하기 때문
  특권과 차별, 배제의 갈등구조를 없애야만 국민이 하나되고 더불어 잘사는 균형발전사회가 실현될 수 있음. 일극 집중 집권사회를 분산 분권사회로 만들어야 진정한 국민 통합이 가능해짐
- 경제성장과 분배의 선순환, 수도권과 지방, 도시와 농어촌의 균형발전, 노사간의 새로운 협력체제, 교육 문화 복지의 공공성 확대,

경제와 환경이 상생하는 지속 가능한 발전, 빈부격차의 해소와 양성 평등을 포함한 각종 차별의 시정은 21세기 대한민국의 새로운 도약을 위한 필수조건임

평화와 번영의 동북아 시대

- 탈냉전, 세계화, 지식정보화의 시대적 흐름 속에서 동북아 시대가 도래함. 자본과 기술, 생산과 물류가 동북아에 집중되어 동북아가 세계경제의 견인차가 되고 있음
- 그러나 동북아의 핵심에 위치한 한반도는 여전히 냉전적 질서에 갇혀 있고, 미·일·중·러의 역사적 갈등구조도 아직은 미래지향적 평화협력체로 전환되지 못하고 있음
- 이제 남북 화해협력과 한반도 평화를 동북아 지역으로 시야를 넓혀서 바라보아야 함. 한반도의 평화없이 우리 민족의 발전뿐만 아니라 동북아의 평화와 번영도 불가능함. 한반도의 평화와 동북아의 협력을 통해 우리는 변방에서 중심으로, 분열에서 통합으로, 정체에서 도약으로 나아갈 수 있을 것임
- 평화와 번영의 동북아 시대를 우리가 주도해야 함. 한반도의 평화체제형성과 동북아 중심국가 건설 그리고 우리 의식과 문화 수준의 질적인 고양은 새로운 동북아 시대를 주도하기 위한 필수조건임

(3) 국정원리

원칙과 신뢰, 공정과 투명, 대화와 타협, 분권과 자율은 노무현 정부가 추구하는 가치이자 국가운영의 기본방침임. 이것은 국정원리(principle)로서 국가운영의 모든 분야와 모든 과정에서 관철되어야 함

원칙과 신뢰

- 우리는 원칙이 반칙에 의해 좌절되고 상식이 특권에 의해 훼손되는 비정상의 역사를 보아옴. 그러한 역사 속에서는 신뢰가 생길 수 없고, 신뢰가 없는 곳에서는 불법과 타락이 성행하며 인간다운 삶을 누릴 수 없게 됨. 반칙과 불신은 사회적 비용을 증가시키고 결국 국가발전의 가장 큰 장애가 됨
- 그러나 이제는 특권층이 반칙을 저질러도 용납되던 사회, 반칙해서 얻은 승리가 용인되던 시대는 끝남. 원칙이 승리하는 사회, 상식이 통하는 사회, 정직하고 성실하게 사는 사람, 정정당당하게 승부하는 사람이 성공하는 사회가 시작되고 있음
- 국정운영에서 원칙과 신뢰는 제1의 원리로 관철되어야 함. 모든 일에 우선 원칙을 세워야 하며, 그 원칙이 국민들의 신뢰를 얻는 것이 되어야 함. 원칙과 신뢰는 상호 상승작용을 하는 것으로서 바로 선, 제대로 된 나라를 이루기 위한 제1의 원리임

공정과 투명

- 우리 사회의 가장 큰 문제 가운데 하나인 부정부패는 불공정하고 불투명한 사회에서 법과 제도가 홀대받으면서 나타난 것. 아무리 좋은 법과 규칙이 있더라도 이를 공정하게 적용하지 않는다면 아무 소용이 없고 오히려 사회의 불만과 갈등만이 증폭될 것임.
- 공정성을 훼손하는 것은 특권과 정실주의임. 특권과 정실주의가 지배하는 곳에서는 잣대가 아무리 올바르다 해도 그 잣대가 본래의 기능을 하지 못하게 됨
- 사물의 투명성이 빛의 투과성에 의해 결정되듯이, 사회의 투명성은 정보의 공개성에 의해 결정됨. 올바른 정보를 필요한 사람들에게

제대로 공개할 때 사회의 투명성과 공정성은 높아짐. 국정과 관련된 원칙(잣대)과 과정과 결과를 국민들에게 신속하고도 올바로 전달해 투명성과 공정성을 확보하는 것이 국정의 기본원리임

대화와 타협

- 조선시대와 일제 그리고 군사독재시대를 거치면서 대화의 타협의 문화가 실종되고 대결과 투쟁의 문화가 뿌리내림. 다양성이 아닌 획일성, 전부가 아니면 전무, 관용이 아닌 배제의 문화가 성숙한 사회로의 발전을 가로막고 있음
- 실질적인 민주주의로 접어든 지금은 대결과 투쟁의 시대가 아니라 대화와 타협의 시대임. 민주주의는 나의 가치만큼이나 상대의 가치가 중요하다는 것을 인정하는데서 출발함. 따라서 대화와 타협은 민주주의의 핵심임
- 원칙과 신뢰에 기반을 둔 대화와 타협은 민주주의의 기본가치이자 국정의 기본 원리임. 대화와 타협에 기반을 둔 토론정치, 토론민주주의는 우리 시대가 지향해야 할 국정의 기본방향임
- 이를 위해 서로가 마음으로 배려하고, 서로에게 필요한 정보를 제공하며, 함께 더 큰 이익을 창출하려는 자세가 필요함

분권과 자율

- 독재와 국가주도의 산업화로 권력은 중앙정부에 집중되고 자원의 대부분은 수도권과 일부 재벌에 집중됨. 이로 인해 정치·경제·사회·문화 등 국가의 전 영역에서 심각한 동맥경화 현상이 나타나고 있음
- 이제는 일극중심 사회가 아니라 다중심 사회가 되어야 함

권력을 분산하고 자원을 균형있게 재분배하여 모든 단위가 자율적으로 발전할 수 있게 해야 함. 정부부처와 지방자치단체, 시민사회와 국민 하나하나가 자율적으로 기획하고 활동하며, 이에 대해 스스로 책임을 질 수 있어야 함.

- 분권은 자율을 요구하고 자율은 책임을 요구하며 그 역도 성립함. 분권과 자율과 책임은 상호 연계되어 있음
  집중과 집권으로 생긴 우리 나라의 각종 문제점을 해결하기 위해서는 분권화와 함께 각 단위의 책임성과 자율성을 높이는 노력을 동시에 진행해야 함

II. 12대 국정과제 중 교육분야 과제

■ 교육개혁과 지식문화 강국 실현

1. 참여와 자치를 통한 교육공동체 구축

➡ 교육혁신기구 설치

- 교육정책의 입안 조정(심사)평가 기능 등을 수행할 대통령 직속 법률기구로 상설화
- 정책개발 집행 및 지원기능 중심으로 교육부 기능 개편
- 안정적이고 지속적인 개혁을 위해 교육개혁법(가칭) 제정

➡ 단위학교의 참여와 자치 확대

- 교사회 학생회 학부모회의 법제화를 핵심으로 하는 학교자치 기능 강화

· 교육주체의 참여확대 및 대표성을 제고하는 방향의 교육감 교육위원 선출방식 개선
· 교육과정 편성 운영 등 단위학교의 재량 확대와 자율운영체제를 확립

➡ 대학운영의 민주성과 자율성 강화

· 교수회 법제화 및 교직원 학생 학부모 지역인사가 대학운영에 참여할 수 있는 방향의 대학지배구조 개편
· 학문의 자유와 대학자치 실현을 위한 기반 조성
  - 국가 수준의 학문정책 수립 및 학술진흥 기반 확충
  - 학문 후속세대 양성대책 및 비정규직 대학교수 대책 강구
· 대학비리 및 부당 해직교수에 대한 실태조사와 대책 마련

2. 공교육 내실화와 교육복지 확대

➡ 교육의 공공성 강화와 공교육 내실화

· 공교육과 사교육의 역할을 재정립해 나가고, 공교육 내실화와 함께 장 · 단기적인 사교육비 경감방안을 지속적으로 추진
· 평준화정책의 기조를 유지하는 한편, 자립형사립고 · 특목고 · 자율학교 등에 대한 실태파악과 평가를 통해 본래 취지대로 운영될 수 있는 학교정책 마련

➡ 학벌타파와 대학서열 완화

· 서울대 학부정원의 단계적 축소 및 대학원중심 대학으로 집중육성
· 국립대와 사립대간 역할분담 및 영역별 대학 특성화

· 학력차별 금지제도 도입 등 학벌중심에서 능력중심으로의 다양한 정책 강구

▷ 교원의 전문성 강화 및 승진제도 개선

· 적정수업시수 법제화 등 교원의 전문성 신장기반 조성

· 교원양성 임용체제 개선과 능력 중심의 승진제도 마련

· 초빙제 보직제 등 학교장 임용제도의 다양화

▷ 유아 및 특수아 학습권 보장과 지역간 교육격차 해소

· 유아교육의 공교육화와 특수교육에 있어 통합기조 유지 및 특수교육기회의 실질적 확대 추진

· 농어촌 도서벽지학교 지원육성과 사회적 취약계층에 대한 교육격차 해소

3. 과학기술교육의 질적 고도화

▷ 초·중등 과학교육 강화

· 학교 교육과정에서의 과학교육 위상 강화

· 탐구 실험중심의 과학교육체계 수립 및 여건 개선

▷ 이공계 대학교육의 질적 제고

· 지역전략산업을 중심으로 이공계 대학 특성화를 유도

· 과학기술발전 추세 및 산업수요에 부합토록 교육체계 개편

4. 창조적 문화역량 강화

➡ 문화예술 창작의 사회 핵심 자원화

- 문화예술진흥기금의 고정 재원과 기금확충 방안을 마련
- 문화예술인 복지를 위한 복지금고 제도 실시

➡ 인권 교육 문화를 연동한 청소년 계발

- 탈학교 청소년에 새로운 전기를 제공하는 문화프로그램 운영
- 창의성, 감수성 함양을 위한 문화예술 교육 확대

➡ 문화의 주체성과 다양성 조화

- 부산 영화제, 광주비엔날레를 세계적 지역문화축제로 추진
- 민족의 문화주체성과 동질성 회복을 위한 남북 문화교류를 확대

➡ 체험하면서 배우는 관광 활성화

- 중국인관광객 유치를 위한 인프라구축과 관광상품 개발 지원
- 주5일근무 휴가분산제와 연계한 '국민관광' 개발로 생활관광 정착

5. 문화적 창의성을 기반으로 문화산업 육성

➡ 문화콘텐츠 산업 발전을 위한 기반 구축

- 문화콘텐츠 생산지원을 위한 인프라를 확충하고
- 5천년 민족문화 전통과 창의성을 산업적으로 연계 활용

➡ 창의적인 전문인력 양성과 기술개발 확대

- 예술적 창의성과 감수성을 갖춘 전문인력 공급을 확대
- IT 인프라를 기반으로 경제적 부가가치를 극대화시킬 수 있는 첨단 응용기술 개발 및 보급 지원

➡ 문화산업 유통 합리화 및 시장구조 개선

- 네트워크 환경에 맞는 창작자의 저작권 보호 강화
- 문화콘텐츠 제작 유통기반으로서 방송매체의 역할 강화

6. 지식정보사회의 전면화 추진

➡ 혁신적인 디지털 정부 구현

- 국민과 기업을 위한 행정서비스의 획기적인 개선 추진
- 편리한 e-Life 실현을 위한 대규모 정보화사업 발굴 추진

➡ 안전한 지식정보사회를 위해 정보보호대책 강력 추진

- 해킹 바이러스 등 사이버 공격에 대비, 범국가적인 정보 보호체계 구축
- 정부 기업 개인 등 각 부문별 정보보호 취약점 분석과 안전진단 추진

➡ 정보격차 해소로 소외계층의 참여복지 및 삶의 질 향상

- 실생활과 취업 등에 실질적인 도움이 되는 정보화 교육을 중점 실시
- 출퇴근이 어려운 주부 장애인등을 대상으로 공공부문 재택근무제

도를 도입

➡ 초고속정보통신망의 지속적 고도화

- 지역적인 차별 없이 소규모 지역에서도 초고속인터넷을 이용할 수 있도록 하고
- 세계에서 가장 빠르고 품질 좋은 인터넷 보급을 추진

7. 지방대학 육성

➡ 권역별 대학특성화 사업 추진

- 대학의 특성화 분야를 지역의 대표 브랜드로 육성
- 산업체, 대학, 연구소, 지자체 등 지역의 주체들이 협력
- 지역특화산업 등과 연계하는 등 지역발전의 핵심역량으로 집중 육성

➡ 지방대학 육성 기반 조성

- 테크노파크(TP), 소규모 기술혁신센터(RRC, TIC, SRC, ERC) 등 각부처 지역기술혁신 사업을 확충하고, 지방대학과 연계 강화
- 지방대학을 지역 R&D의 핵심주체로 육성하기 위하여 정부 R&D 예산의 지방대 지원비율 제고 : 8.5%('01) → 20%('07)
- 국비장학금, 해외연수 지원, 첨단 시설 기자재 및 기숙사 확충 등 우수인재의 유치 여건 조성

별첨 4

대통령 업무보고 자료

(www.moe.go.kr)

현안 및 주요 정책과제

2003. 4. 9

교육인적자원부

보 고 순 서

Ⅰ.「參與政府」敎育人的資源政策 基本方向

Ⅱ. 懸案 및 爭點課題

1. 인적자원개발 총괄부처로서 敎育人的資源部 혁신

2. 敎育主體의 참여와 자율을 통한『參與敎育』실현

Ⅲ. 核心 戰略課題

1. 능력중심사회 구현을 위한 人的資源政策

2. 교육본질을 추구하는 初·中等敎育

3. 국민이 체감할 수 있는 私敎育費 경감

4. 국가경쟁력 제고를 위한 高等敎育 경쟁력 강화

Ⅰ.「參與政府」敎育人的資源政策 基本方向

敎育改革과 知識文化强國 實現

– 전 국민의 인적자원 역량 강화 –

初·中等敎育의 公共性 提高

- 공교육 내실화
- 교원의 전문성 신장과 사기진작
- 국민 기초능력 보장
- 교육복지 확대

高等敎育의 競爭力 强化

- 세계적 수준의 대학 육성
- 지역혁신을 선도하는 지방대학 육성
- 대학교육·연구의 질적 수준 제고

能力中心社會로의 轉換

- 산업수요에 부응하는 핵심인력 양성
- 여성·취약계층의 능력개발 지원
- 국가·지방의 인적자원정책 총괄·조정

敎育主體의 參與와 自律을 통한「參與敎育」

- 외부컨설팅을 통한 교육인적자원부 혁신
- 분권과 자율, 참여를 통한 현장지원체제 구축
- 국정과제 실천을 위한 교육재정 확대(GDP 6%)

II. 懸案 및 爭點課題

1. 인적자원개발 총괄부처로서 교육인적자원부 혁신

革新方向

· 우리부에 대한 국민의 신뢰회복과 참여정부 국정이념 구현을 위해 과감한 自己革新을 통한 **역할**과 **위상 재정립**
  - **교육공동체** 구성원의 **참여**를 바탕으로 한 정책수립
  - 국정과제의 충실한 수행을 위한 **조직혁신**과 **역량 제고**

· **인적자원개발** 총괄 · 조정 부처로서 **주도적 역할 수행**
  - 인적자원개발을 위한 **총체적 전략 기획기능 강화**
  - 각 부처의 인적자원관련 기능 조율
  - 인적자원관련 **투자**의 **효율화** 및 **관련** 法令 **정비** 총괄

革新方案

〈기능조정〉

· **학교교육관련 기능**은 현장 **자율성 존중**을 기조로 원점에서 재정립
  - 관련 업무는 최대한 移讓 · 委託하고 **규제적 행 · 재정지침**은 **폐지**
  - 자율화에 따른 **지원 · 평가** 및 **감사기능** 강화

· 인적자원개발 정책과제의 발굴, 투자 분석, 인프라 구축 등 **정책기능 강화**와 지방대학 육성 등 **국정과제 추진**에 **주력**

〈조직혁신〉

· **학교교육정책**과 **인적자원정책**의 두 축으로 **조직**을 **개편**하고, 내부 조직을 대 국민 서비스 위주로 변경

· 정책수립방식의 변경을 통한 **組織文化 혁신**

- **교육현장 의견**의 **체계적 수렴**과 정책평가 · 환류 시스템(예 : 국민참여교육센터) 마련으로 **쌍방향 의사소통** 강화
- 정책입안 단계부터 정책목표, 주요내용 등을 예고하고, 주요 정책에 대한 토론회 활성화로 **사회적 공론화**와 합의 도출

〈인사혁신〉

· 정책개발 능력 제고를 위한 **新 人事政策** 강구

- 경력 · 서열 중심에서 탈피, 철저한 **능력중심 인사** 단행
- 자체 역량강화를 위한 **핵심인력 양성** 및 적재적소 배치
- 주요 보직 職位公募制, 교육행정직렬 폐지 등 개방적 인력 충원

➡ 推進計劃

· 현재 운영중인 업무분석팀의 분석결과를 토대로 기능 및 업무조정이 시급한 분야의 **조직개편을 상반기중 단행**

· 객관적이고 공정한 **외부전문기관의 컨설팅**을 통해 부처간 기능 조정을 포함한 **총체적 조직개편** 추진

◈ **교육인적자원부 혁신**과 더불어 **교육공동체 구성원**의 **참여**와 **공감대 형성**을 통한 교육문제 해결에 박차를 가할 수 있도록 **대통령 직속 "교육혁신기구"**의 조속한 **설치**를 **건의** 드림

2. 교육주체의 참여와 자율을 통한 「참여교육」 실현

現況 및 問題點

- 초·중등은 교육주체의 참여가 **學校運營委員會로 한정**되어 있고, 교사회·학부모회 법제화 및 학운위 기능에 대한 **의견 상충**
  - 단위학교의 재정, 학사, 교육과정 운영에 대한 재량 미흡
- 대학의 경우도 **구성원의 대학운영 참여**를 위한 **제도적 장치 미비**
  * 대학 의사결정에 실질적 영향을 미치는 교수회 등은 학칙상 임의기구
- 私學의 **비리와 분규를 예방**하고, 정상화하기 위한 제도적 장치 미흡
  * 교원임면권·참여 등에 대하여 사학경영자측과 교원·시민단체간 의견 대립

推進方案

〈초·중등〉

- 단위학교내 교육주체들의 參與 制度化
  - 교사회·학부모회 법제화는 충분한 여론 수렴을 거쳐 추진
  - 학교운영위원회 기능을 단위학교 자율역량에 따라 활성화 추진
- 교육주체들의 **지역교육정책** 參與 活性化
  - 지역의 주요 교육정책 과정에 교육주체들이 참여할 수 있도록 지역 교육청에 주민·학부모·교원 등으로 **지역교육발전협의체** 설치
- **학교중심**의 **교육지원시스템** 구축
  - 단위학교의 자율성을 제약하는 법령·제도·지침의 정비
  - 단위학교 교육과정 편성·운영에 대한 자율권 확대

- **시 · 도교육청은 기획, 지역교육청은 학교지원** 위주로 **기능 전환**

〈대 학〉

· 대학 자율역량 강화를 위한 **民主的 의사결정 기구 마련**

- 대학이사회, 교수회 등 대학구성원이 대학운영에 참여할 수 있는 통로 마련
- 국립대학 **총장선출방식**은 대학자율로 결정하되, **대학구성원**의 **참여**가 **활성화**되는 방향으로 유도

· 국 · 공립대학 회계운영의 자율성 확대를 위한 "**大學會計**" 제도 도입

〈사 학〉

· **私學의 自律性**은 존중하되, 투명성을 확보할 수 있는 제도를 마련하고, **비리 · 분규 발생시**에는 행 · 재정 제재 등 **강력 대처**

- 사립대학 및 법인의 재정에 대한 회계감사를 회계법인 등 외부 전문기관에 위탁
- 예 · 결산 및 감사보고서 공개의 실효성 확보, 시민단체 참여 등 **社會的 監視體制** 강화
- **사학비리 전담 감사기구 설치** 및 외부 회계 전문가 활용을 통한 감사 전문성 제고

· 중립적인 인사를 위원으로 구성하여 **분쟁조정 · 화해** 역할을 수행하는 **「사학분쟁조정위원회 (가칭)」**설치 검토

➡ 推進計劃

· 쟁점사항에 대한 폭넓은 여론수렴과 논의를 통해 **「초 · 중등교육법」, 「사립학교법」 등 관련 법령 개정** 추진

III. 核心 戰略課題

1. 능력중심사회 구현을 위한 인적자원정책

현 재		5년후
• 학령인구 위주의 인적자원개발 • 개별 부처중심의 인적자원 정책	➡	• 전 국민 대상 인적자원개발 • 범 부처차원의 인적자원정책

政策狀況

	향 후 전 망	추 진 방 향
환경 변화	· **知識基盤社會**로 이행 · WTO 등 국제개방 가속 · 지방분권과 자율화 확대	· **사람과 지식중심**의 국가발전 전략 · **지역 균형발전** 전략
인구 구조	· **인구증가율 둔화** ('90, 0.93% → '10, 0.54%) · 유아 · 청소년 인구 감소 · 중 · 고령 인구 급증	· 차세대 인적자원의 **質的 고도화** · 여성 및 중 · 고령 인력 활용 촉진
산업 고용 구조	· 전문직, 서비스업 비중 확대 ('01, 65.3% → '10, 70.1%) · 제조업의 **지식집약화** · 직업의 생성 · 소멸 주기 단축	· **需要에 부응**한 인력양성 · 학교에서 직업세계로 원활한 이행 지원 · **평생직업능력 개발** 지원

推進經過

· 관계부처 장관협의기구인 「**인적자원개발회의**」운영을 통해 범부처적 인적자원정책을 추진

- 18개 부처 공동으로 「**國家人的資源開發基本計劃**」수립(01. 12)

* 「국가전략분야 인력양성 종합계획('01. 11)」, 「산학연 협력 활성화종합대책('02. 2)」 등 추진

· 향후, **동북아 중심국가 건설과 지역균형발전**을 뒷받침할 수 있는 국가 및 지역인적자원정책의 중요성 증대

推進方案

· **참여정부 국정과제**와 관련된 인적자원정책 **총괄 · 조정**

- 「**國家人的資源開發基本計劃**」과 연계하여 지방대 육성, 과학 기술인력 양성 등 인적자원관련 국정과제를 내실 있게 추진
- 각 부처의 추진계획과 실적에 대한 **인적자원 영향평가, 사업투자분석** 등으로 정책의 실효성 확보

· 국가경쟁력의 원천인 **核心 專門人力 養成**

- "국가인력수급 전망과 과제(`02. 12)"에 근거하여 범부처적 차원에서 「**국가 인력수급 중장기 계획**」수립 · 추진
- IT, BT 등 6대 **국가전략분야** 및 금융 · 법률 · 경영 등 **서비스분야 전문인력**의 집중 육성
- 이공계 대학(원)생 장학금 지원('03, 309억) 사업 등 우수 인력의 **이공계 진출 촉진**과 과학기술 중시 풍토 조성

· **지역인적자원개발(Regional HRD)** 체제 구축으로 지역발전 촉진

- 시 · 도, 대학, 교육청, 산업체 등이 참여하는 **"地域人的資源開**

發 協議體"를 구성하여 지역인적자원개발계획 수립, 지역전문가 양성 · 자원배분 등 추진

- 부산, 광주, 충북 3개 **시범지역 운영**('02. 10 ~ '03. 9)을 전국으로 확대

* 부산 : 관련 조례제정, 지역인재개발 기금(1,000억) 조성 등 추진

· **인적자원 공급과 수요의 연계 강화**

- 산업수요를 반영한 교육과정, 인력수급 정보망(Career-net, Work-net) 등을 통해 인력 수급의 양적 · 질적 불일치 해소
- **자격관리체제를 개편**하여 교육 · 훈련과 자격의 연계 강화
- 기업수요에 맞는 인력양성을 위해 기술대학 활성화 지원

· **여성** 및 **취약계층**의 **人的資源 活用 촉진**

- 고학력 **여성의 경제활동 참여율**('01 : 58.6%)을 선진국 수준(OECD 평균 : 81.1%)으로 제고하기 위한 범부처 대책 추진

* 영유아 교육 · 보육 확대, 국 · 공립대 여교수 채용 목표제 추진

- 중 · 고령자의 직업능력 개발을 위한 대학 성인학습과정 설치 및 학업중단 청소년에 대한 대안교육과정 설치 확대

· **한국형 「인적자원개발지수(HRD Index)」**를 개발, 국가 및 지방의 인적자원개발정책 평가준거로 활용

* 스위스 국제 경영원(IMD), 세계경제포럼(WEF) 등 인적자원지표 활용

2. 교육본질을 추구하는 초·중등교육

현 재		5년후
• 공교육 위기와 신뢰저하 • 교육의 공공성 약화와 교육격차	➡	• 공교육 내실화로 신뢰 회복 • 교육의 기회균등 및 교육복지 확대

가. 공교육 내실화로 학교교육 신뢰회복

➡ 現況 및 問題點

· 학생의 다양한 교육적 욕구를 반영할 수 있는 학교교육의 내용·체제 부족으로 **학교교육의 신뢰 저하**

· 교육개혁의 핵심주체인 교원의 사기 저하와 함께 교원근무여건 개선 등 교단지원정책이 정부정책의 우선순위에서 뒤 처지는 실정

➡ 推進方案

· 소질과 적성에 따른 **학교교육 내용의 다양화**

- 학생의 개인차를 존중하는 **水準別 敎育課程** 운영 확대
- 탐구·실험 중심의 과학교육 활성화로 창의력 배양
- 英才敎育, **대안교육** 등 다양한 교육 프로그램 확대
- 산업과 연계한 직업교육 프로그램 등 실업계 고교 특성화·내실화

· 교원의 **사기진작**과 **전문성 신장**

- 교내 안전사고에 대한 적절한 보상과 교원 보호를 위한 법률 제정
- 능력과 책무성을 중시하는 **교원 人事制度 혁신**

- 교원의 전문성 신장을 위한 **교원자격 · 양성제도** 개선 추진

나. 교육의 공공성 강화와 교육복지 확대

➡ 現況 및 問題點

· 학벌주의 사회풍토와 과도한 대입경쟁으로 학교본래의 기능과 公共性 **약화**

· 계층간 소득격차의 심화, 가정의 교육적 기능약화, 급격한 도시화 등으로 **계층간 · 지역간 교육격차** 상존

➡ 推進方案

· 공공성 회복을 위한 **초 · 중등교육**의 責務性 확립

- 최소 성취기준 설정과 **정기적 진단 · 평가**로 부진학생 **책임지도**
- 체험 · 봉사활동 등 학교의 교육활동을 통한 人性敎育 **강화**
- 교육재정 확충으로 교원 수급과 연계한 학급당 학생수의 지속적 감축과 **학교 시설 · 학습환경 선진화**

· **의무 · 무상교육의 확대**

- 체험학습비, 급식비 지원 등 **학부모**의 교육비 **부담 완화**
- 실업계 고교의 학비지원 대상을 단계적으로 확대 추진

· **敎育福祉 확대**를 통한 교육의 기회균등

- 농어촌, 도시 저소득 지역 등 지역간 · 계층간 교육격차 해소
- 유아교육 공교육화를 위한 **만 5세아 무상교육 지원대상 확대**
- 특수교육 수혜율 확대 ('03, 54% → '07, 100%)를 위한 특수교육 기관 증설 및 통합교육 강화
- **정보격차 해소**를 위한 저소득층 자녀 PC 및 통신비 지원 확대

3. 국민이 체감할 수 있는 사교육비 경감

현 재		5년후
• 보육비, 예·체능비 등 재능 교육비 • 대학입시를 위한 고액과외비	➡	• 최대한 제도적으로 흡수 • 학벌주의 극복을 통한 점진적 완화

➡ 現況 및 問題點

· **전체 私敎育費 규모는 매년 증가 추세**

- 2000년의 경우 (교육부 의뢰, 전문조사기관 조사) 약 7조1천억으로 전년도 (6조8천억원)보다 5.2% 증가 (GDP의 1.4% 수준)

· **사교육비 규모**를 내용별로 분석해 보면,

- **초등학생**에게 지출하는 비용이 **전체의 52 %** (3조7천억원)에 해당
- 이 중 **藝·體能敎育費가 차지하는 비중이 약 41%** (1조5천억원)로 사교육비 부담 체감도가 높은 실정

* 저학년은 예·체능교육비 비중이, 중·고교는 입시과외비 비중이 큼

➡ 推進方案

〈단기적 방안〉: 制度改善으로 사교육비 경감

· **유아 교육·보육시설 등의 확대**로 사교육비 부담 완화

- **교육·보육 통합** (Edu-care)을 위한 유치원 종일반 확대
- 유치원 부족 지역에 대한 **공립 유치원 설립 확대**

- **사교육비의 학교내 흡수방안** 마련
  - 예·체능, 컴퓨터 등 **特技適性敎育 확대**
  - **초등학교 저학년**을 대상으로 **방과후·방학중 학교내 보육** 실시
  - 예·체능과목 평가방식을 서열식이 아닌 다양한 표시 방식으로 전환 검토
  - 수준별·선택중심 교육과정 확대·정착과 교과분량 축소 추진
- 인터넷을 이용한 **「무료 가정학습 및 가정교사 지원체제」**구축·운영
  - 가정에서 스스로 학습이 가능한 맞춤형·수준별 컨텐츠 개발·제공
  - 학생의 궁금증을 해결해 주는 사이버 가정교사 지원체제 확대·개편
- **고액·과열과외**에 대한 **학부모·학생 보호책** 마련
  - 각종 **학력 경시대회 인증제** 도입 방안 마련
  - 신용카드 및 지로 수납 학원에 대한 인센티브 부여 추진
  - 불법·고액 과외에 대한 학부모·시민단체의 사회적 **감시체제** 강화

〈장기적 방안〉: 學閥主義 극복과 과도한 大入競爭 완화

- 주요 국정과제인 **지방대 육성** 사업 추진과 대학 서열구조 완화 등 학벌주의 극복을 위한 **범 정부적 대책** 마련
- 학부모 아카데미 운영 등 **학부모에 대한 건전한 교육관** 함양 교육을 지속적으로 추진
- 과다한 **입시경쟁** 유발분야(법·의학 등)에 대한 전문대학원 도입 확대와 과열경쟁을 완화할 수 있는 **大入制度 발전 방안** 마련

推進計劃

- **정기적 · 체계적 사교육비 실태조사 · 분석** 후 정책 반영
- 5월중 **"사교육비경감대책 연구팀"을 구성하고 금년말까지 「사교육비경감대책 (장 · 단기)」 수립**

4. 국가경쟁력 제고를 위한 고등교육 경쟁력

현 재

- 고등교육 국제경쟁력 41위
- 인재유출로 지방대학 경쟁력 약화

➡

5년후

- 고등교육 국제경쟁력 20위권
- 지방대 육성을 통한 지역혁신

가. 세계수준의 대학 교육 · 연구 역량 확충

➡ 現況 및 問題點

· 대학원중심대학육성사업 (BK 21)등으로 대학교육 · 연구의 **수준이 향상**되었으나, **세계수준의 경쟁력 확보**에는 미흡

* SCI 순위 : 서울대 73위 ('99) → 40위 ('01), 국가전체 16위 ('99) → 14위 ('01)

· 백화점식 학과설치 등 대학의 역량을 집중하기 위한 **특성화 미흡**

· 대학교육의 **국제화**와 **평가체제 구축이 미흡**하고, 고등교육에 대한 **재정투자가** 국가경제규모에 비하여 낮은 편

* GDP 대비 고등교육 지원예산비율 ('02) : OECD 평균 1.06, 한국 0.48

➡ 推進方案

· **국제경쟁력** 있는 분야의 **大學院** 및 **研究所** 집중 육성

- 「BK 21 사업」을 성과위주로 확대 발전
- **국가전략분야** 등 이공계 집중 육성 및 인문학 등 **기초학문 보호 · 육성**

- 첨단 시설 · 장비 확충, 연구인력 배치 등 **연구여건**의 획기적 **개선**

· 專門大學院 중심으로 국제경쟁력 있는 **전문인력 양성**

- 폭 넓은 기초학문 습득 후 의학, 법학, 경영학 등 전문분야 입문

· 교육 · 연구의 수준향상을 위한 **국제화 추진**

- 세계수준의 외국대학(원)과의 교육과정 공동운영 지원
- 외국 우수교수 초빙 및 외국학생 국내유치 적극 추진
- Off - line과 함께 On - line 방식을 통한 연계프로그램 운영 활성화

· 대학 경쟁력 제고를 위한 **大學評價 기능 강화**

- 학문분야별 평가를 위한 민간 평가전문기관 인증제 도입
- 대학 재정지원사업 등에 대한 평가를 전담할 **상설 평가기구 설**치 추진
- 국내 · 외 전문 컨설팅 기구를 통한 대학자체 경영진단 유도

· 대학 특성화를 지원하기 위한 **구조조정 추진**

- 학과간 통 · 폐합, 대학간 M&A 등 대학 구조조정 추진
- 경영이 불가능한 대학에 대하여 퇴출경로 마련

· **고등교육** 경쟁력 강화를 위한 **안정적 투자 확대**

- 고등교육재정의 안정적 확보와 투자 확대를 위한 제도 도입
- 첨단 연구시설 · 장비 확충 지원, 지방대학 육성사업 등에 투자

나. 지역발전의 중심체로서 지방대학 육성

➡ 現況 및 問題點

· 인재의 수도권 편중, 불합리한 대학 서열화 및 취업기회 상실 등으로 지방대학의 경쟁력 약화 및 **지방대학 기피현상 심화**

· 社會需要에 부응한 **교육내용** 및 **대학체제의 유연성 미흡**
· 부처별 **지원사업간 조정이 이루어지지 않아** 투자의 비효율 초래

推進方案

· **「지역 BK 21」** 사업을 통한 지방대학의 **권역별 · 영역별 特性化**
- 지역 R&D 및 **산 – 학 – 연 – 관 협력의 핵심주체**로 육성하여 지역발전을 선도할 핵심인력 양성
- 대학간, 대학 - 산업체간 컨소시엄을 구성하여 지역전략산업과 연계
- Bottom-Up 방식, **「選擇과 集中」** 및 **일괄지원** 방식 (시설비, 인건비, 운영비 포함)에 의해 사업효과 극대화

· 대학간, 대학 - 산업체간 연계 활성화를 위한 **열린 대학체제** 구축
- 지역내 대학간 학점상호인정 등 학사 및 교수교류 활성화
- 산업체와 계약에 의한 학과 개설, 교육과정 **외부평가인증제** 확대 등 교육과정의 현장적합성 제고
- **연구전담인력 확보** 및 교수업적평가시 산학협력 실적 인정
- 산학협력회계, 학교기업 등 **産學協力 유연성 확보**를 위한 제도 개선

· 중앙단위 및 지역단위에 **효율적인 추진체제 구축**
- **"人的資源開發會議"**를 중심으로 중앙 부처간 연계 · 조정
- 부내에 국장급을 단장으로 하는 "지방대학 육성팀" 설치 · 운영
- 지역단위 추진체로 **「지역혁신 네트워크」 구축**
- 각 대학의 「산학협력단」을 지방대학 육성추진 전담기구로 운영

저자 소개

김 태 훈

1970년 강원도 동해에서 태어나 묵호중학교와 강릉고등학교를 거쳐 서울대학교 국민윤리교육과를 졸업했다. 제37회 행정고시(1993년) 합격 후 교육인적자원부 기획예산담당관실, 지방교육기획과 등에서 근무했으며, 참여정부 들어서는 정책보좌관실(서기관)과 부총리비서실(장관비서관)에서 역대 교육부총리 네 분의 직무를 보좌하였다.

〈주요 경력 및 수상 내역〉
- 2000. 2. 교육인적자원부 지방교육기획과 (사무관)
- 2003. 7. 교육인적자원부 정책보좌관실 (서기관)
- 2005. 2. 현재 교육인적자원부 부총리실 (비서관, 서기관)
- 2000. 11. 대통령 표창

대한민국 교육정책은 누가 결정하는가

초판발행 2006년 9월 25일
재판발행 2009년 2월 5일

저 자 김 태 훈
발행인 김 현 태
발행처 태영출판사

주 소 (152-705) 서울 구로구 구로동 104-10 동남오피스텔 201호
전 화 02 · 839-3757, 839-3752
팩 스 02 · 837-3754
등 록 2005년 5월 30일 제12-421호
홈페이지 http://www.taeyeongbook.co.kr
E-mail tys2005@paran.com
typub@taeyeongbook.co.kr
ISBN 89-91777-51-1 93370
정 가 10,000원

* 잘못 만들어진 책은 교환해 드립니다.